授業で出来る
プログラミング学習 大好き入門

許 鍾萬 著
(ほ じょんまん)

学芸みらい社
GAKUGEI MIRAISHA

まえがき

　今まで知らなかった技術や情報に出会うことがある。
　そんな時，教師の反応は2通りに分かれる。

①「何か使えないか」と考え，とりあえず興味をもってやるタイプ
②自分には関係ないな，これは関係ないなと手をつけないタイプ

　教師，とりわけ小学校の先生に向いているのは①のタイプである。
　新しいパソコン，新しいソフト，新しい技術をとりあえず使ってみる。
　新しい指導法，新しい教材もとりあえず使ってみる。
　じっくりと研究して実践するというよりは，よくわからないままに使い，使いながら考える。そんな中で「こういう場面では確かに便利だな」「こういう場面ではあまり効果的ではないな」と判断していく。
　情報のスピードを重視し，見切り発車で実践しながら考えるようにする。
　このような仕事の進め方，考え方があることを私は向山洋一氏と谷和樹氏から学んだ。20代前半の頃だった。それ以来ずっとそうしてきた。

　今から15年以上も前の話になる。
　当時，私が使っていたインターネットは「ダイアルアップ接続」だった。
　電話をつなぐモジュラージャックにインターネットのケーブルをつなぐ。
　電話回線を使って専用ダイアルにパソコンから電話をかけると，インターネットにつながるという仕組みだ。それが一般的だった。
　プロジェクターでパソコン画面を映し出しただけで「すごい」と言われる時代だった。そんな時代に，TOSSのセミナーではノートパソコンにプロジェクターをつなぎ，当たり前のように授業や講座が展開されていた。
　こんな教師の世界があるのか！　と感動したことを今でもおぼえている。
　中でも谷和樹氏の「南沙諸島の授業」は衝撃的だった。
　FLASH（フラッシュ）というアニメーションソフトを使った授業だった。

映し出された授業コンテンツをクリックすると写真が動き文字が動いた。
まるで魔法でも見ているかのように鮮やかだった。
　家に帰ってすぐ，モジュラージャックにケーブルをつないだ。
インターネットにつながると，資料を見ながらアドレスを打ち込んだ。
　数分後，パソコン画面に映し出された「南沙諸島の授業コンテンツ」
を見せながら家族に模擬授業している自分がいた。

　「とにかくやってみよう」という考えでいろいろと挑戦してきた。
　新しいものが出れば，次々と興味を移してきた。
　FLASH，SmartBoard，GooglEearth，Sketchup，iPad，AR，Projectionmapping …。そして現在は「プログラミング教育」にいたる。
　書店へ行っても関係書籍がないという状況で，子供たちに授業してみた。
研修会でも人前に立ち，新しい技術をとりいれた授業に挑戦してきた。
　中には，ほとんど使わなくなった技術もある。
　こういう話をすると「努力や労力の無駄では？時間の無駄では？」と
考える人もいるらしい。私はそう思ったことも感じたこともない。
　逆に，挑戦してきたひとつひとつの知識や技術が，次のときにつな
がっていく感覚があった。15年以上たった今でも同じである。
　「あれもこれも全部できるようになりたい」今でもそう思っている。

　本書の内容は，向山洋一氏の実践，谷和樹氏の実践がなければ何一つ
書けなかった内容ばかりです。
　また，出版にあたっては，学芸みらい社の樋口雅子様に多大なご助
言，多くの励ましのお言葉をいただきました。
　この場をお借りしてお礼を申し上げます。
　本当にありがとうございました。

2018年12月1日
　　　　　　　　　第32回日本教育技術学会　兵庫大会の日に
　　　　　　　　　　　　　　　　　　　　　　許　　鍾萬

本書の使い方

　本書はプログラミング教育の「入門編」として編集しています。
　ご自身のレベルに合わせて，必要な情報に即アクセスできるように使い方を「ナビゲート」してみました。ご参考までに。

1　できればパソコンを使わずに…「普段の授業カイゼン」タイプ
　「プログラミング教育が必修化」と言われても…。
　分かります！その気持ち。パソコンを使う前に，教科書や資料を使って，まずは「普段の授業」からプログラミング教育に取り組みたい。
　普段の授業で，どのように「プログラミング的思考」を育てるのか。
　そんな方には，国語と社会科の授業づくりから。　　→　第4章へ

2　興味があって，研究授業でやりたいのです…「挑戦者」タイプ
　どうせやるなら，自分が！というチャレンジ精神。
　きっと現場を刺激する提案になると思います。
　子供も教師も「楽しい！」と思える授業づくりの参考になればと思います。そんな方には，先行実践の研究から。　　→　第2章へ

3　ちょっとやったことがあるんですけど…「ステップアップ」タイプ
　いろいろやってみたのですが，もう少し情報がほしいのです。
　学年団や研究部会で紹介できる「ほんのちょっとした情報」がほしい。
　そんな方には，セミナーなどのライブの情報から。　　→　第3章へ

4　研究会や発表会で説明しなければならない…「指導者」タイプ
　なぜ，今プログラミング教育が必要なのか。
　保護者や地域の方に説明しなければならない。
　校内で具体的に説明しなければならない。
　そんな方には，公的な資料も引用している論文から。　　→　第1章へ

目　次

まえがき　2
本書の使い方　4

第1章 プログラミング教育って何？

1 大進展「社会の情報化・教育の情報化」のうねり……10
 1　新学習指導要領は「教育の情報化」が大前提……10
 2　「社会の情報化」に対応する教育の必要性……11
 3　2020年から始まる必修化への準備……14

2 待ったなし！ プログラミング教育が始まる……15
 1　プログラミング的思考の指導こそ必要なのだ……15
 2　プログラミング教育支援のツール……16

3 スクラッチにハイタッチしよう……17

4 「ハードウェアの整備」はプログラミング教育推進の根幹……19
 1　ICT整備の現状……19
 2　現場から声をあげよう……21
 3　ないと困るITグッズ……22
 4　あると便利なニューモデル……23

5 これが世界標準！ アメリカのICT環境……25
 1　無かった！ 黒板とチョーク……25
 2　すごいゾ！ 特別支援学級のICT整備……26
 3　急がれるICT環境教育整備……27

第2章 どう始めるか！ プログラミング学習

1 はじめの一歩
プログラミング的思考を育てる「プログラミング教育」……30

2 「世界時価総額ランキング」から見る
プログラミング教育の必要性……36
   1 世界ランキングで日本はなんと35位!?……36
   2 平成元年は1位だったのに…，何故!?……39

3 プログラミング的思考を「カリキュラム化」する……43
   1 コンピュテーショナル・シンキング……43
   2 プログラミング言語サイトを活用しよう……45

4 ナビゲーションシステム付きのサイトを活用する……46

5 クラウド・コンピューティングと
iPad等を活用した授業づくり……47
   1 本単元で伝えたいこと……48
   2 本単元の重要キーワードと，その概要……48

6 とにかく「やる！」プログラミング教育実践……59
   1 支援学級のAちゃんが作ってしまった！……60
   2 「自分にも出来そうだ」と思わせる！……60
   3 パソコン室でも実践してみる！……61

7 子どもが熱中するプログラミングの授業……63
   1 身近な生活の中にあるプログラミングの働き……63
   2 ロボット掃除機のプログラミングを予想しよう……64
   3 「買い物ロボット」をプログラミングする……67

  4 ロボットくんに「じゃんけん」を教えよう……**71**
  5 知識として教える情報モラル……**78**
  6 校内研修で使えるテキスト紹介……**82**

第3章 どこから始めるか？ プログラミング的思考の授業

1 はじめてパソコン室で行うプログラミングの授業 ……92
 1 キーボード入力は必修のスキル……**92**
 2 真似して覚えるプログラミング……**95**

2 学習のシステム化から始めよう プロは仕事をシステム化する ……98
 1 「システム」とは何か……**98**
 2 学習の「システム」が組み込まれている教材の見抜き方……**101**
 3 オススメはナビゲーション付きのサイト活用……**105**
 4 難しいテーマも低学年の子どもたちに分かる基本構造で示せ……**106**

3 「年表」で全体の枠組みをとらえる ……110
 1 誰もが知っている年表は，編集の仕方で特徴が変化する……**110**
 2 自分なりの枠組みにまとめてみる……**111**

第4章 国語・社会科でプログラミングの具体例

1 国語でプログラミング的思考を育てる 読解力の指導がカギ ……114
 1 非連続型テキストの読解力向上から始めよう
  ―グラフの読み取りの定石「3つ」「2つ」「5つ」を身につけよう……**114**
 2 変化の傾向を読み取る―非連続型テキストを読解する……**117**

3　国語デジタル教科書への対応……**120**
　　　　①　基本原理は「子どもが持つ」「子どもが使う」ということだ……**120**
　　　　②　必要なアプリはこれだ……**121**

2 社会科でプログラミング的思考を育てる　……**123**

　　1　AR（拡張現実）を教材化するねらい……**123**
　　2　ARの技術―どこでどう使われているか……**126**
　　3　クラウド・コンピューティング―子どもにわかる教え方……**131**
　　4　IoT社会のお店―便利な「AmazonGo」に賛成か反対か……**135**
　　5　デジタル教材で何ができるか……**142**
　　6　非連続型テキストの読解力―向上への指導ポイントはここ……**159**
　　　　①　「非連続型テキスト」の読解力をのばす教材とは……**159**
　　　　②　定石発問を追試してイラスト資料を読み取る……**162**
　　　　③　定石発問で読み取りコードが身につく！　……**164**

第 1 章

プログラミング教育って何？

1 大進展「社会の情報化・教育の情報化」のうねり

1 新学習指導要領は「教育の情報化」が大前提

　教育には「不易」と「流行」がある。読み書き算は不易の代表だろう。

　過去から現在にいたるまで大切にされてきたし，これから百年たっても大切な教育であることは間違いない。

　多くの先人達の努力，指導方法に学びながら，より効果的で子どもたちが熱中するような指導方法をTOSSは研究してきた。その研究成果は，「TOSSランド」（http://www.tos-land.net/）や「教育トークライン」などの雑誌で公開され続けている。

　このような「不易」の教育に対して，その時代だからこそ必要とされる教育がある。

　「環境教育」「エネルギー教育」「キャリア教育」さまざまな教育内容がある。

　少なくとも百年前にはこのような教育の概念は無かった。

　その時代の「流行」最先端としてとらえ，近未来の日本を担っていく子どもたちに教える。これも大切な教育だ。

　平成29年3月31日，新学習指導要領が公開された。

　社会の変化に合わせて学習指導要領は改訂されてきた。今回の改訂も社会の変化に対応するためだ。

　改訂の大前提になっているのは「教育の情報化」である。

　どの教科においても教育の情報化を前提にして新しい内容が取り入れられた。

　例えば，新学習指導要領の「小学校国語科の内容」は次の通りだ。

〔第3学年及び第4学年〕
(2) 話や文章に含まれている情報の扱い方に関する次の事項を身に付けることができるよう指導する。

>   ア 考えとそれを支える理由や事例，全体と中心など情報と情報との関係について理解すること。
>   イ 比較や分類の仕方，必要な語句などの書き留め方，引用の仕方や出典の示し方，辞書や事典の使い方を理解し使うこと。
> 〔第5学年及び第6学年〕
> (2) 話や文章に含まれている情報の扱い方に関する次の事項を身に付けることができるよう指導する。
>   ア 原因と結果など情報と情報との関係について理解すること。
>   イ 情報と情報との関係付けの仕方，図などによる語句と語句との関係の表し方を理解し使うこと。

　下線の部分は全て「情報活用能力」に関する記述だ。
　これほど多く取り入れられるようになった。
　「子どもの頃，黒板とチョークだけで先生から教わってきた。
　ICT なんて使わなくても教えられる。」という考えはこれから通用しなくなる。
　教師も子どもも ICT を使うのが当たり前になる。

2 「社会の情報化」に対応する教育の必要性

　今，社会は激変している。社会の情報化が加速度的に進んでいる。
　インターネットは生活に欠かせないものになり，身の回りには ICT があふれている。
　変化の第一のポイントは，「近未来に職業が大きく変化する」ことである。

> A 今後10〜20年程度で，アメリカの総雇用者の約47％の仕事が自動化されるリスクが高い。
>   （マイケル・A・オズボーン氏　オックスフォード大学准教授）
> B 2011年度に米国の小学校に入学した子供達の65％は大学卒業時に今は存在していない職業に就くだろう。
>   （キャシー・デビッドソン氏　ニューヨーク市立大学教授）

主な「消える職業」「なくなる仕事」	
銀行の融資担当者	仕立屋(手縫い)
スポーツの審判	時計修理工
不動産ブローカー	税務申告書代行者
レストランの案内係	図書館員の補助員
保険の審査担当者	データ入力作業員
動物のブリーダー	彫刻師
電話オペレーター	苦情の処理・調査担当者
給与・福利厚生担当者	簿記、会計、監査の事務員
レジ係	検査、分類、見本採取、測定を行う作業員
娯楽施設の案内係、チケットもぎり係	映写技師
カジノのディーラー	カメラ、撮影機器の修理工
ネイリスト	金融機関のクレジットアナリスト
クレジットカード申込者の承認・調査を行う作業員	メガネ、コンタクトレンズの技術者
集金人	殺虫剤の混合・散布の技術者
パラリーガル、弁護士助手	義歯制作技術者
ホテルの受付係	測量技術者、地図作製技術者
電話販売員	造園・用地管理の作業員
	建設機器のオペレーター
	訪問販売員、路上新聞売り、露店商人
	塗装工、壁紙張り職人

オックスフォード大学でAI（人工知能）などの研究を行っているマイケル・A・オズボーン氏は「人間が行う仕事の約半分が機械に奪われる」と論文で発表している。コンピュータの技術革新が進む中で，人間にしかできないと思われていた仕事がロボットなどの機械に代わられようとしている。例えば，『Google Car』に代表されるような無人で走る自動運転車は，これから世界中に行き渡ると考えられる。そうなれば，タクシーやトラックの「運転手」という仕事は失われる可能性がある。オズボーン氏は，アメリカ労働省のデータに基づき702の職種が今後どれだけコンピュータ技術によって自動化されるかを分析した。その結果「今後10～20年程度でアメリカの総雇用者の約47％の仕事が自動化されるリスクが高いという結論に至った」としている。

上の表はオズボーン氏の論文で引用されている項目を参照して作成されたものである。コンピュータにできない仕事，コンピュータでは実現することが難しい能力，それらの分析と育成が今求められている。

<u>変化の第二のポイントは，「日本の国力の衰退」である。</u>

① 少子化の急激な進行により，生産年齢人口が大きく減少することが予想される。10年以上前から，日本の人口減少は指摘されてきた。35年後には人口は1億人を割り込み，その17年後には8000万人を割り込むと推測されている。人口問題に対する対処は，即効性がなく，放置すれば確実に社会を衰退させる。人口の4割～5割が65歳以上の高齢者となり日本のGDPは途上国レベルにまで落ち込んでいく可能性が

ある。

② 一人当たりGDPが2000年の3位から大きく衰退している。日本の一人当たりGDPは，1993年に「世界第2位」であった。しかし，2012年には「世界第10位」に大きく衰退してしまっている。一人一人の労働生産性もG7の中で「最下位(2012)」となっている。現在，日本の成長を考える上で最も大きな問題となっているのは，①で示した少子化による人口減少であ

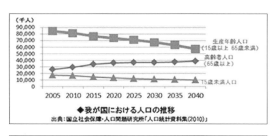
◆我が国における人口の推移
出典：国立社会保障・人口問題研究所「人口統計資料集(2010)」

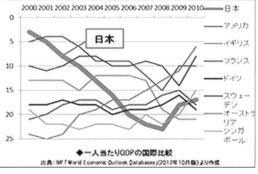
◆一人当たりGDPの国際比較
出典：IMF「World Economic Outlook Databases」(2012年10月版)より作成

GDPの伸びと高等教育進学率（1990→2009）

	GDPの伸び	進学率
韓国	3.1倍	37%→71%
中国	12.5倍	3%→17%（29万人→262万人）
タイ	3.1倍	16%→46%
オーストラリア	3.1倍	35%→94%
日本	1.6倍	36%→56%（短期大学含む）

る。労働力を供給するという意味で，生産年齢人口の減少につながるため放っておくことはできない。国をあげて様々な対策をすすめている。ポイントは「一人当たりの生産性向上」である。

③ アジア各国が急激に成長する中，経済の停滞により日本は存在感を低下させる恐れがある。

　①～③の事実をもとに国家として「とるべき成長戦略と大学の役割」を下村前文科大臣は発表している。第一に「個人の可能性が最大限発揮されるよう，一人一人の人材力を強化する。」第二に「日本の経済再生や活力維持のため，経済活動や研究開発をさまざまな側面から支える人材を強化する。」第三に「国内に眠る研究資源を活用し

『日本発』の新産業を創出する。」などだ。

　変化の激しい社会で生きていくために必要な力は何か。
　2030年代，情報化した社会で活躍できる人材を育てるために改訂されたのが次期学習指導要領だ。
　このような大きな枠組みの中で，「プログラミング教育」を位置づけ，現場の実践へとつなげていく必要がある。

3　2020年から始まる必修化への準備

　平成28年4月19日，総理大臣官邸で第26回産業競争力会議が開催され，総理から次のような発表があった。

> 「（前略）日本の若者には，第四次産業革命の時代を生き抜き，主導していってほしい。このため，初等中等教育からプログラミング教育を必修化します。一人一人の習熟度に合わせて学習を支援できるようITを徹底活用します。（後略）」
> 出典：http://www.kantei.go.jp/jp/97_abe/actions/201604/19sangyo_kyosoryoku_kaigi.html

　2020年度から施行される次期学習指導要領の「総則」にも明記されている。

> (3) 第2の2の(1)に示す情報活用能力の育成を図るため，各学校において，コンピュータや情報通信ネットワークなどの情報手段を活用するために必要な環境を整え，これらを適切に活用した学習活動の充実を図ること。また，各種の統計資料や新聞，視聴覚教材や教育機器などの教材・教具の適切な活用を図ること。
> 　あわせて，各教科等の特質に応じて，次の学習活動を計画的に実施すること。
> 　ア　児童がコンピュータで文字を入力するなどの学習の基盤として必要となる情報手段の基本的な操作を習得するための学習活動
> 　イ　児童がプログラミングを体験しながら，コンピュータに意図した処理を行わせるために必要な論理的思考力を身に付けるための学習活動

待ったなし！ プログラミング教育が始まる

　得意，不得意は関係ない。国家戦略として全国各地で「プログラミング教育」が始まる。まずは「プログラミング教育の支援ツール」を使ってみることから始めよう。

「プログラミング教育」って何？
　そんな方には，まず次のテキストを一読することをオススメする。

> 『先生，お父さん＆お母さんのためのプログラム入門』

テキストの主な内容は次の通りだ。

① 今，子ども達にプログラミングが必要な理由とは
② スクラッチのミニ・ヒストリー
③ プログラムの学び方，学ばせ方
④ スクラッチＱ＆Ａ
⑤ スクラッチに関連したウェブサイト

　校内研修のテキストとしても活用できる。必要な情報が端的に整理されている（出典：Toss Media　http://www.tossmedia.jp）。

1　プログラミング的思考の指導こそ必要なのだ

　2020年度に向けて，「プログラミング教育」が始まる。
　プログラマーを育てるわけではない。
　「プログラミング的思考ができる人材」を育成するのが目的だ。
　このポイントをはずすと，単にマニアックなパソコン授業になってしまう。
　プログラミングが得意な子どもを育てるのではない。
　したがって，「プログラミングに詳しいマニアックな教師」は求めら

れない。「プログラミング的思考について詳しい教師」が必要だ。パソコンスキルは二の次，三の次だ。

これは「TOSSランド構築」の初期と似ている。「オタク」はいらなかった。「W・W・W（ワールド・ワイド・ウェブ）」の思想を理解できる教師こそが必要だった。当時の仕事の軌跡は「TOSSランド物語（三部作）」に具体的に収録されている。

2 プログラミング教育支援のツール

好みの問題ではない。

得意，不得意の問題でもない。

全国各地で「プログラミング教育」は始まる。できる，できないは関係ない。

国家戦略として具体的に始まるのだ。

公立小学校の教師である以上，プログラミング教育は避けては通れない。基本的には，プログラミング教育は始まっていく。そのことを踏まえ，プログラミング教育を支援するツールの使い方は少なくとも教師が身につけておく必要がある。

例えば，次の5つだ。

① スクラッチ（scratch）
　 https://scratch.mit.edu/
② プログラミン
　 http://www.mext.go.jp/programin/
③ ビスケット（Viscuit）
　 http://develop.viscuit.com/ehon/
④ ムーンブロック（MOONBlock）
　 http://moonblock.jp/#
⑤ グーグルブロッキー（Google Blocky）
　 https://blockly-games.appspot.com/
　　　（※この他にも多数調べている）

使ったことがあるツールは，いくつあるだろうか。

子どもたちに聞いてみると何人かは知っていた。どのツールも，使ったことがある子どもが数人いた。情報感度が高いと思った。

それでも「ユースウェア」は身についていなかった。ただ触ってみたというレベルだった。

プログラミングツールを使いこなせない教師でも，プログラミングツールの「指導」はできる。

> 指導の基本型は「五色百人一首の最初の指導」だ。

とりわけ混乱しやすい「パソコン操作」の指導場面。この基本型を追試すればどの子も熱中して，出来るようになっていく。

実際に，パソコンクラブと特別支援学級で上記のツールを使った授業を行ってみた。ツールごとに１時間の授業をした。

45分以内に，どの子も熱中し基本的な使い方をマスターした。学習塾ではなく学校での指導である。いろんな子がいる。それでも「全員が出来るようになる」（参照：「五色百人一首 指導の手引き」東京教育技術研究所）。

３ スクラッチにハイタッチしよう

今なぜ「プログラミング教育」が必要なのか。次の資料は，基礎研究として読み込んでおく必要がある。

---

① 「小学校段階におけるプログラミング教育の在り方について（議論の取りまとめ）（案）」
（文科相 HP より：http://www.mext.go.jp/b_menu/shingi/chousa/shotou/122/attach/1371901.htm）
② 「プログラミング人材育成の在り方に関する調査研究　報告書」
（総務省 HP より：http://www.soumu.go.jp/main_content/000361429.pdf）

「プログラミング教育」という言葉を聞くと，何か専門的でマニアックなイメージがある。

しかし，そうではない。

「プログラミング言語そのもの」を教えるのではなく，こうした「考え方そのもの」を子どもたちに教える。

それが「プログラミング教育」の目指すところだ。

理科や算数，総合などの授業と組み合わせて教えることも可能だろう。どんな命令をすると，どんな動きをするか，というプログラミングを実際に体験できるのが一番いい。具体的で，しかも楽しく，プログラミング的な「考え方そのもの」を教えることができる。例えば，次のようなサイトがある。

---

① スクラッチ　https://scratch.mit.edu/

メディアでも多く取り上げられている。インターネットに繋がるパソコンから自由にアクセスして使うことができる。

操作画面もビジュアルで，直感的に操作できるように工夫されている。このような「ビジュアルプログラミング言語」は他にもある。

例えば，次の9つだ。

---

② プログラミン　http://www.mext.go.jp/programin/
③ Viscuit(ビスケット)　http://develop.viscuit.com/ehon/
④ MOONBlock(ムーンブロック)　http://moonblock.jp/#
⑤ Google Blocky(グーグル ブロッキー)　https://blockly-games.appspot.com/
⑥ lightbot(ライトボット)　https://lightbot.com/
⑦ アルゴロジック　http://home.jeita.or.jp/is/highschool/algo/
⑧ ジョイントアップス　http://www.jointapps.net/
⑨ Hour of Code(アワー オブ コード)　https://hourofcode.com/au/ja/learn

使ったことがあるツールは，いくつあるだろうか。

まずは一度，体験してみてほしい。

思った以上に簡単であり楽しい。

パソコンに詳しい先生よりは，あまり得意でない先生の方が，むしろ熱中してしまう傾向にある。

中でも「⑨ Hour of Code」は，はじめてのプログラミング体験におすすめである。

いろんな研修会で紹介しているが，どの会場でも例外なく「熱中状態」になる。休憩時間もずっとパソコンに向かっている状態になる。

まずは教師自身が「プログラミングを楽しむ」ことが大切だ。

好みの問題でもない。得意，不得意の問題でもない。

全国各地で「プログラミング教育」は始まる。できる，できないは関係ない。国家戦略として「必修化」される。

公立学校の教師である以上，プログラミング教育は避けては通れない。

基本的には，どの学校でもプログラミング教育は始まっていく。

そのことを踏まえ，プログラミング教育を支援するツール（ビジュアルプログラミング言語）の使い方は少なくとも教師が身につけておく必要がある。

「ハードウェアの整備」はプログラミング教育推進の根幹

「教育用コンピュータ１台当たりの児童生徒数3.6人」「電子黒板・実物投影機の整備１学級当たり１台」「超高速インターネット接続率及び無線LAN整備率100％」「校務用コンピュータ教員１人１台」。これが国の基本計画で2017年までに目標とされていた整備水準である。

1 ICT整備の現状

2017年11月に大正大学（東京）で日本教育技術学会が開かれた。

ICT教育の分科会では，全国各地から集まった先生方と「学校現場のICT環境」について情報をシェアすることにした。
「教師用のパソコンがない。」
「学校のパソコンはインターネットにつながらない。」
「インターネット回線が遅すぎて使えない。」
さまざまな現状が浮かび上がった。
このことについて，次の資料をもとにディスカッションした。

1　地方自治体のための学校のICT環境整備推進の手引き（平成29年3月）
2　教育のIT化に向けた環境整備4か年計画パンフレット　学校のICT環境を整備しましょう！（平成26年）
3　学校におけるICT環境整備に関連する資料（平成29年）

どれも文科省発の公的資料である。
　実は，各学校のICT環境整備に必要な財源措置は，国として計画的に行っている。
小学校1校当たりの財政措置額は「年額564万円」。
これが平成25年度から29年度まで，4年間続いている。
第二期教育振興基本計画（平成25年6月14日閣議決定）として，**平成29年度まで「単年度1678億円（4年間総額6712億円）」の財政措置**がされているのだ。
　これだけあれば，全国の学校に，それなりのICT環境が整備されている「はず」である。
　ところが現実はそうではない。

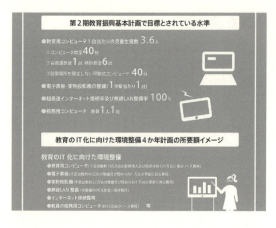

分科会参加者に聞いても「どこにそんな予算が!?」といった反応であった。
　実は，これらのお金は「地方交付税交付金」として配分されている。
　これは「地方固有の財源」という考え方で運用されている。その使い方は地方に委ねられている。したがって，文科省が「ICT整備用」として交付していても，これを上手に使うかどうかは，各行政の取り組みにかかっている。これが，地方によって整備の情報に大きな格差がある理由だ。
　ちなみに，各県の整備状況や，市町村ごとの整備状況も全て文科省のホームページで公開されている。

| 4　平成27年度学校における教育の情報化の実態等に関する調査結果 |

　同じ県内でも格差があるのが現状だ。
　勤務されている地域の現状はいかがだろうか。

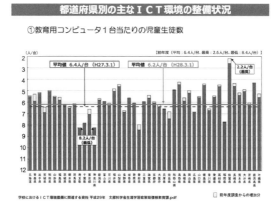

2　現場から声をあげよう

　プログラミング的思考を育成する教育。
　これを現場で準備していく段階での大切なポイントについて，玉川大学教職大学院教授の谷和樹氏は次のように強調している。

> 1点目は,「ハードウェア」の整備。
> 2点目は,「ソフトウェア」の整備。
> 3点目は,「カリキュラム」の整備。
> 4点目は,「ティーチャートレーニング」。
> (教師に指導能力をつけなければならない)
> ※前述の日本教育技術学会シンポジウムでの発言より引用。

この4つを,2020年までに完全に終了させ,どの学校でも実践を始めなければならない。

全体の計画では,今年(2017年)までに1点目の「ハードウェアの整備」について100%以上の達成率をもって終了する「はず」だった。

ところがそうなっていないのが現状だ。

全国的に大きな格差がある。同じ県内の市町村によって大きな格差がある。

これは切実な問題である。

現場から声をあげていかなければ,プログラミング教育の根幹が崩れてしまう。

3 ないと困るITグッズ

私が勤務している兵庫県姫路市では市内の全小中学校にICT環境が整備されている。「姫路スタイル」と言われる環境は次のようなものだ。

> ① 1人1台パソコン環境の「パソコン教室」
> ② 大型ディスプレイ・書画カメラを備えた「普通教室」
> ③ グループ学習など協働学習で活用する「タブレット型パソコン」
>   (※4人1台を想定して整備)
> http://www.city.himeji.lg.jp/s115/2245840/_32591/_32595.html

まず「**大型ディスプレイ**」。

小学校には50インチ。中学校には一回り大きなものが各教室に設置されている。資料を大きく映し出して授業できる。

次に「**書画カメラ**」と「**教室用ノートパソコン**」。

大型テレビには、この2つの機器が接続されている。いつでも簡単に手元の情報を映し出せる。ノートの書き方なども視覚的に見せられる。デジタル番組やコンテンツも、その場で検索して表示できる。地デジのアンテナ、インターネットのLANケーブルも接続されている。

そして「**各種ケーブル類**」。

これがかなり役に立っている。写真は教室にあるケーブル類の一部。ビデオや周辺機器を大型テレビにつなげるのに使う。データの読み込み用もあると便利。

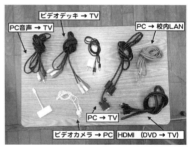

4 あると便利なニューモデル

「**タブレット型PC**」は多くの学校で使われるようになってきた。自治体によって導入されるモデルは様々だ。特別支援を要する子どもたちは「待つことが苦手」な場合が多い。したがって次のようなモデルがいい。

---
① 起動時間がはやい
② 通信速度がはやい

第1章 プログラミング教育って何？

電源を押して，使えるようになるまでの数分間，これがものすごく長く感じる。電源ボタンを押した瞬間に使えるモデルだと使いやすい。また，インターネットに接続した場合もサクサクと動いて欲しい。コンテンツを読み込む時間も長く感じる。ストレスを感じることなく，次から次へと情報にアクセスできるスピード感が欲しい。
　このような状況でないならば，「空白の時間」を作らない手立てが別途必要になってくる。例えば，起動させている間に次の活動の準備をするなどである。ハード面の課題を教師の授業技量でカバーする必要がある。
　次に「ソフト」面。
　画面のレイアウトや操作方法がシンプルなコンテンツがいい。
　特別支援教育の学習会で紹介された次の「**学習アプリ**」はオススメだ。

---

① ミスターシェイプ
② 電車が動く！
③ Matching Jobs
④ ナゾルート

　タブレットやスマホに対応していて無料で使える。
　他には「**プログラミング学習コンテンツ**」。これからの必須課題でもある。使い方次第でどの子も熱中する。あっという間にスキルも身につけていく。プログラミング的思考を学習するのに最適だ。次のサイトが使いやすい。

---

① ライトボット
② アワーオブコード
③ プログラミン
④ スクラッチ

ナビゲーション付きで，子どもが一人で学べる設計になっている。

❺ これが世界標準！ アメリカのICT環境

　セキュリティーを強化するあまり「特別な場所」で「特別な時」に使うものになっている日本のICT機器。「何時でも」「何処でも」「誰でも」自由に使えてこそ，ICT機器は威力を発揮する。新学習指導要領の実施に向けて，各学校で環境整備を見直すことが大切だ。

1 無かった！ 黒板とチョーク

　2017年9月，アメリカのマサチューセッツ州（ボストン）にある学校を視察した。
　特別支援教育について学ぶためだ。
　私が視察したのは私立学校と公立学校，あわせて6校。
　「ランドマーク」という私立では小学校と中学校を見せてもらった。(https://www.landmarkschool.org/)
　「エセックス」という公立では小学校（2校）と中学校，高校を見せてもらった。(http://www.mersd.org/essex)
　公開研のような特別な授業ではなく「日常の授業」「日常の教室」を視察した。
　まず，ICT機器の環境に圧倒された。

　上の写真は、ランドマークスクールの教室で撮影したものだ。
黒板とチョークで授業している教室はひとつもなかった。
「天井吊り下げ式のプロジェクター」と「ホワイトボード」。
教室には教師用のデスクトップパソコン。
もちろんインターネット接続されている。
　教師は教室のパソコンから、学校の「グーグルドライブ」にアクセスする。
　ドライブには授業で使う資料や指導案、コンテンツなどが全てそろっている。
　教室に入ってきた子どもたちのカリキュラムに合わせて必要な資料を開く。
　プロジェクターで資料を映し出して授業する。ホワイトボードに映し出しているので、必要な情報を手軽に書き込んでいく。
　不要な時は、リモコンでプロジェクターの光を消す。まるで、黒板消しを使うかのようにリモコンを使う。
　どの先生も当たり前のようにICT機器を使いこなしていた。

2 すごいゾ！ 特別支援学級のICT整備

　次の写真は「公立小学校」の教室である。

特別支援学級で行われていた「日常の授業」の様子。

前方のホワイトボード横にあるのは「スマートボード（電子黒板）」だ。プロジェクターは天井に固定式。教師用のパソコンもある。ネット環境は言うまでもない。

写真に写っている二人の女性は教師ではない。実は「特別支援教育支援員」だ。

この日，担任の教師は私たち視察メンバーにレクチャーしてくれていた。その間，教室の子どもたちを支援員がサポートしていたわけだ。

左側の支援員が運んでいるのは「Google Chromebook」というノート型パソコン。

教室にずらっと置いてある。それを課題が終わった子のところへ運んで渡していた。ケーブル類はひとつも付いていない。

渡された子どもは，学習ノートでも開くかのようにパソコンを使い何かを書き始めた。

右側の支援員は，課題の進行状況を見ながら，個別に声かけをしている。シーンとしている教室から聞こえてくるのは，支援員の短い言葉（絶妙な小声）だけだった。

操作にとまどっている様子もなかった。

3　急がれるICT環境教育整備

特別支援学級だけではなく，視察した公立小学校の「どの教室も」同じようにICT環境が整備されていた。「私立」だから整備されているの

ではなく，少なくともマサチューセッツ州（ボストン）では，これが当たり前の環境なのだ。教師が使いこなすだけでなく，子どもたちも「学習道具」のひとつとしてスマートボードやノート型パソコンを「自由に」使いこなしていた。パソコンルームなどの「特別な場所」で「特別な時」に使う環境では，このようなスキルは身につかない。新学習指導要領への移行期には「ICT環境整備」も大きなテーマになる。

第 2 章

どう始めるか！
プログラミング学習

はじめの一歩　プログラミング的思考を育てる「プログラミング教育」

　教科書「じゃんけん屋さんをひらこう」出してごらん。
　お隣の人出していますか。
　新しいじゃんけんを作って，友だちと教え合いましょう。
　1年生の国語ですね。
　①，出せた？
　みんなで読んでみよう。「じゃんけんの仕組みを確かめよう。」
　さんはい。
　下に絵がありますね。じゃんけんのです。
　石とかハサミがありますね。
　はい，この絵を使って，隣の人にじゃんけんを説明しなさい。はいどうぞ。
　そもそもじゃんけんなんて説明せんでしょ。
　先生にもできるよね，直感的にね。
　ところがですね，ロボット君は直感的にじゃんけんができないんですよ。
　非常に困っています。
　「じゃんけんしたいんだけどな。じゃんけんってどうやるんだろうな。」
　はい，ロボット君にじゃんけんを教えてみましょう。ロボット君にね。
　まずはじめに，じゃんけんで何をするんですか。隣の人に言ってみて。
　はい。「最初は，グー。」（子役）
　最初は，グー。これ地方によって違うんだよな。
　はい。「3つのうちから1つ選ぶ。」（子役）
　いや，3つのうちから1つ選ぶって，出さんでしょ。なんて言うんですか。

「じゃんけん。」（子役）
じゃんけん？
「ポンって言う。」（子役）
ポンって言うのね。はい，じゃんけんほいとかね，いんじゃんほいとか色々あるんですよね。
まずはじめは，合図を出します。
次に何をしますか。隣の人に言ってみて。次は何だろう。次は。
こういうこと考えたこともないでしょ。
はい。「3つのうちから1つを出す。」（子役）
3つのうちから1つを出すんだね。だから，自分の手を出すんですね。
自分の手を。これ2人でじゃんけんしてますからね。

次に何しますか。
次何するの？

はいこれは，相手の手を見ますね。
はい，こういうことを何も考えずに私たちは直感的にできてますけどもAIやロボットはできないんです。
1個1個教えないといけないんですよ。
こういった，動きを細分化することを何と言うんでしたか？
Decompositionです。
このようにして分解して考えられる人が，プログラミング的思考ができると言うんですね。
じゃあ次です。相手の手を見ました。
次何しますか。
はい。「勝ちか負けか，あいこかを判定する。」（子役）
そういうことだね。はい，判定します。
自分が勝ったのか，自分が負けたのか。
このような図のことを，上から順にね。1，2，3，4，5と言う。

このような流れるような図のことを何て言うんでしたっけ？
　フローチャートって言うんですね。
　こういったフローチャートを書くことで手順が分かります。
　その手順のことをアルゴリズムと言います。
　言ってごらん。
　フローチャートで書くとね，じゃんけんってこういう流れになるんですよ。
　これならロボット君も何となく分かってくるんですね。
　あれ？　ロボット君がまだちょっと困ってますね。
　これだとロボット君は，じゃんけんができない。
　はい，ロボット君は何番で悩んだと思いますか？
　隣の人に番号を言ってみてください。
　何番？「5番です。」（子役）
　5番，5番だと思った人？　これ子どもたちに聞いたら他のも言うんですよ。
　何番って言うと思う？　これ，2番って言う子もいましたよ。
　グーを出すのか，チョキを出すのか，パーを出すのか。
　判断できない。決めてくれって。分かります？
　適当に出すんができないんじゃないかってね。はい。
　凄いこと言いましたね。
　まあ，ここでは⑤としておきましょうね。
　どうして5番で悩むんですか？
　あいこがないんですよね。
　じゃあ悩まないためには，どこをどう直せばうまくいきそうですか？
　隣の人に，あのフローチャートをどう直せばいいか，説明してごらんなさい。
　じゃ，どう直せばいいですか？　フローチャートを。
　説明してください。「えー，5のところから。」（子役）
　5のところから。「同じ手を出した場合をもう1個分岐させて作る。」（子役）

同じ手を出した場合を作るんですね。あの右側にね。
　うん。そういうこと考えた人。
　はい，そこがあいことしましょうね。
　じゃあ，そのあいこが出た場合，矢印はどこに戻ればいいんですか。
　何番？　隣の人に番号を言ってみて。
　何番？　何番に戻ればいいんだ，あいこが出たら。
　はい。「２番。」（子役）
　２番ね。こういうことだね。
　あいこが出た場合は，また合図を出してじゃんけんを繰り返しなさいということなんですね。

　こういったことが可能ならば，じゃんけんはできるんじゃないかということなんですね。
　ところがね，まだ困ってますね。ロボット君は。
　はい，何に困ってるんでしょうか。隣の人に言ってみてください。
　これでもまだじゃんけんできないんですよ。
　え？　そもそも何？　言ってみよう。
　はい。「チョキができない。」（子役）
　チョキができない。（笑う）
　凄いね。こういう人が時代を切り開いていくんですよ。
　凄い。AIにも負けない。
　はい。ちなみに違うんだけどね。はい，いかがですか。
　どこで悩みそう？「グー，チョキ，パーのどれを出したらいいか分からない。」（子役）
　グーチョキパーのね，どれを出したらいいかね。
　はい。「なんて合図を出せば。」（子役）
　合図ね。地方によって違うしね。
　これはね，じゃんけんの勝ったかどうか考えるというのがね，分かんないんですよ。
　みなさん，じゃんけん勝ち負け分かるでしょ？

でも，それをちゃんと教えてあげないといけないんです。

　じゃんけんのルールです。
　はい，もう一度お隣の人に，じゃんけんを教えてください。
　ただし，相手はロボットですよ。分かりやすく教えてください。はいどうぞ。
　はい，じゃあ聞いてみようか。
　はい，ロボットにどう説明しますか。
　「自分がグー。相手がチョキだったら勝ち。自分がチョキ。相手がパーだったら勝ち。という風に全部言います。」（子役）
　全部教えるのね。それは，プログラム大変ですよ。ね～。
　どうしたらいいだろう。じゃあ，まず最初の，最初のルールは何を教えますか。
　何を教える。これはね，あいこです。あいこを教えます。どうしてですか。
　みなさん，隣の人とじゃんけんしてみてください。
　最初はグー。じゃんけんほい。
　あいこって瞬間分かるでしょ。勝ち負け考えません。
　見た瞬間，つまり画像を一致させるようにできるんです。
　勝ち負けだったらどうですか。
　グーを出したから，相手はチョキかな，パーかな。判断しないといけませんね。
　そこで1個ワーキングメモリーを使ってしまうのです。メモリーをね。
　だから最初はあいこです。
　次は何を教えますか？
　勝ち負けだね。勝ち負けを全部教えるっていう人？　グーだったら何だっけ。
　もう1回言ってみようか。
　はい。「自分グー。相手チョキだったら，グーの勝ち。自分がチョ

キ。相手がパーならチョキの勝ち。自分がパー。相手がグーだったら，パーの勝ち。」(子役)

以上でいいですか？　その通りですね。

この5つでいいんですよ。

相手の後は，グー。勝ち，勝ち，勝ち。それ以外は全部負けと入れてあげればいいんですね。

これならロボットでも分かるんですよ。

それをどこに入れたらいいんですか。

何番と何番の間って隣の人に言ってみてください。

どこにあのルールを入れる？

よく見るとね，画面がちょっと伸びてるでしょ。

「4と5の間。」(子役)

4と5の間ね。ここですね。ここに入れます。

はい，相手の手を見た後にルールを確認します。

さっきのルールをデータベースと言います。

そこにアクセスして，勝ったか負けたかを判断したのち，次に進んでいきなさい。

これだったらロボットもじゃんけんができるんですよ。

こういう図のことを何て言うんでしたっけ？

フローチャートね。

こういう図を使ってみなさんの生活の中でのことを全部説明できます。

身近にある機械も全部，こういった細かな命令を人間が書いて。

そして，ロボットが動いているんですね。

こういった考え方のことを何思考って言うんですか？

「プログラミング」(子役)

的思考って言うんですね。

今日は国語でやりましたけども，算数や理科でもこういったお勉強をしていきましょう。

(TOSS動画ランド　http://www.m.tos-land.net から映像視聴できます)

2 「世界時価総額ランキング」から見る プログラミング教育の必要性

　平成元年からの30年間で,アメリカの企業は急成長した。先頭を走るのはIT企業大手である。アメリカの企業に追いつき追い越し,日本が世界をリードしていけるかどうかは,これからの教育にかかっている。

1 世界ランキングで日本はなんと35位!?

　プログラミングを学ぶことは,本当に将来必要なのだろうか。
「世界時価総額ランキング(平成30年)」というデータがある。
1位はアメリカの「Apple」だ。
画面を提示して子どもたちに聞いた。

> 発問1　世界ランキング「5位」までに,日本の企業は入っているか。

　ほとんどの子が「5位までに入っている」と予想し手を挙げた。
データの続きを見せた。
入っていない。
平成30年のランキング上位5位は次のとおりだ。

世界時価総額ランキング 平成30年

順位	企業名	時価総額(億ドル)	国名
1	アップル	9,409.5	米国
2			
3			
4			
5			

世界時価総額ランキング 平成30年

順位	企業名	時価総額(億ドル)	国名
1	アップル	9,409.5	米国
2	アマゾン・ドット・コム	8,800.6	米国
3	アルファベット	8,336.6	米国
4	マイクロソフト	8,158.4	米国
5	フェイスブック	6,092.5	米国

世界時価総額ランキングトップ5（平成30年）
　　1位　アメリカ　アップル
　　2位　アメリカ　アマゾン
　　3位　アメリカ　アルファベット（※Googleの親会社）
　　4位　アメリカ　マイクロソフト
　　5位　アメリカ　フェイスブック

　全てアメリカのIT関連企業である。
　中でも，世界をリードする4大企業は「GAFA（ガーファ）」と呼ばれている。
　「G」は検索エンジンで有名な「Google」。
　「A」はiPhoneなどのデジタルデバイスで有名な「Apple」。
　「F」は，SNS（ソーシャル・ネットワーク・サービス）で有名な「Facebook」。
　最後の「A」は，世界最大のインターネットショッピングサイトで有名な「Amazon」。
　子どもたちにもう一度聞いた。

発問2　「10位」までは入っているか。

　ここも多くの子が「10位までは入っている」と予想し手を挙げた。
　データの続きを見せた。
　入っていない。
　一体何位に出てくるのか（何位に出てきてほしいか）予想させた。
　画面に示した資料をスクロール

世界時価総額ランキング
平成30年

33	P&G	1,976.3	米国
34	シスコ・システムズ	1,975.7	米国
35	トヨタ自動車	1,939.8	日本
36	オラクル	1,939.3	米国
37	コカ・コーラ	1,925.8	米国
38	ノバルティス	1,921.9	スイス
39	AT&T	1,911.9	米国
40	HSBC・ホールディングス	1,873.8	英国

させて見せた。
　日本の企業がやっと出てくる。
　35位である。
　企業名は「トヨタ」。
　他の企業はランキングに出てこない。

　続けて，前述のランキング上位の社長たちを画面に提示して見せた。

発問3　この人たちが会社をつくったのは何歳ごろか。

　「何歳」と答えるだけなので，適当に答えることもできる。
　指名すると，「30歳」「40歳」などと答えていた。
　正解は次のとおり。

　ビル・ゲイツ氏が「Microsoft」をつくったのは「20歳」。マーク・ザッカーバーグ氏が「Facebook」をつくったのは「20歳」。スティーブ・ジョブズ氏が「Apple」をつくったのは「22歳」。ラリー・ペイジ氏が「Google」をつくったのは「25歳」。みな20代の頃に会社を立ち上げている。プログラミング的思考が優れていたと考えられる。

　日本の企業力をあげるためにも，プログラミングの勉強は必要なのだ。
（原実践：玉川大学教職大学院教授　谷和樹氏）

2　平成元年は１位だったのに…，何故!?

もうひとつの「世界時価総額ランキング」という資料がある。
データは「平成元年」のものである。
「平成30年」の資料と「平成元年」の資料を並べて掲示する。「平成元年」のランキングは隠してある。

> 発問４　「第１位」はどこの国だと思いますか。

子どもたちに発表させると「アメリカ」「中国」などの意見が出た。
正解を見せる。

　１位　NTT　日本

驚きの声があがる。
続けて子どもたちに聞いた。

世界時価総額ランキング

平成元年

順位	企業名	時価総額（億ドル）	国名

平成３０年

順位	企業名	時価総額（億ドル）	国名
1	アップル	9,409.5	米国
2	アマゾン・ドット・コム	8,800.6	米国
3	アルファベット	8,336.6	米国
4	マイクロソフト	8,158.4	米国
5	フェイスブック	6,092.5	米国
6	バークシャー・ハサウェイ	4,925.0	米国
7	アリババ・グループ・ホールディング	4,795.8	中国
8	テンセント・ホールディングス	4,557.3	中国
9	JPモルガン・チェース	3,740.0	米国
10	エクソン・モービル	3,446.5	米国
11	ジョンソン・エンド・ジョンソン	3,375.5	米国
12	ビザ	3,143.8	米国
13	バンク・オブ・アメリカ	3,016.8	米国
14	ロイヤル・ダッチ・シェル	2,899.7	英国

| 発問5　5位までアメリカの企業は入っているか。 |

挙手させて確認すると「入っている」と予想した子が多かった。
2～5位までの正解を一気に見せた。

　2位　日本興業銀行　　日本
　3位　住友銀行　　　　日本
　4位　富士銀行　　　　日本
　5位　第一勧業銀行　　日本

画面に並べて提示している「平成30年」の資料は，1位から14位まで全て「アメリカ」の企業だからだ。

当然，驚きの声があがる。
「日本，すごいね！」という感想を言う子もいた。
さらに続けて子どもたちに聞いた。

世界時価総額ランキング

平成元年

順位	企業名	時価総額(億ドル)	国名
1	NTT	1,638.6	日本
2	日本興業銀行	715.6	日本
3	住友銀行	695.9	日本
4	富士銀行	670.8	日本
5	第一勧業銀行	660.9	日本

　1位　NTT　　　　　　　日本
　2位　日本興業銀行　　　日本
　3位　住友銀行　　　　　日本
　4位　富士銀行　　　　　日本
　5位　第一勧業銀行　　　日本

平成30年

順位	企業名	時価総額(億ドル)	国名
1	アップル	9,409.5	米国
2	アマゾン・ドット・コム	8,800.6	米国
3	アルファベット	8,336.6	米国
4	マイクロソフト	8,158.4	米国
5	フェイスブック	6,092.5	米国
6	バークシャー・ハサウェイ	4,925.0	米国
7	アリババグループ・ホールディング	4,795.8	中国
8	テンセント・ホールディングス	4,557.3	中国
9	JPモルガン・チェース	3,740.0	米国
10	エクソン・モービル	3,446.5	米国
11	ジョンソン・エンド・ジョンソン	3,375.5	米国
12	ビザ	3,143.8	米国
13	バンク・オブ・アメリカ	3,016.8	米国
14	ロイヤル・ダッチ・シェル	2,899.7	英国

発問6　アメリカの企業は何位くらいに入っていそうですか。

　これも数字を予想するだけなので答えやすい。
　10位以内には入っているだろうと予想する子が多かった。
　正解を見せる。

　6位にアメリカの「IBM」がランクインしている。
　8位にアメリカの「エクソン」，10位にイギリスの「ロイヤル・ダッチ・シェル」，12位にアメリカの「GE」。海外の企業が少しランクインしている。
　2つの資料を見て子どもたちは驚く。
　「日本の企業がほとんど」だからだ。
　こうなると，14位以下も見てみたくなる。
　「平成30年」の資料と「平成元年」の資料を同時にスクロールして見せる。
　50位までにランクインしている企業の数は次のとおり。

世界時価総額ランキング

平成元年

順位	企業名	時価総額(億ドル)	国名
1	NTT	1,638.6	日本
2	日本興業銀行	715.9	日本
3	住友銀行	695.9	日本
4	富士銀行	670.8	日本
5	第一勧業銀行	660.9	日本
6	IBM	646.5	米国
7	三菱銀行	592.7	日本
8	エクソン	549.2	米国
9	東京電力	544.6	日本
10	ロイヤル・ダッチ・シェル	543.6	英国
11	トヨタ自動車	541.7	日本
12	GE	493.6	米国
13	三和銀行	492.9	日本
14	野村證券	444.4	日本

平成30年

順位	企業名	時価総額(億ドル)	国名
1	アップル	9,409.5	米国
2	アマゾン・ドット・コム	8,800.6	米国
3	アルファベット	8,336.6	米国
4	マイクロソフト	8,158.4	米国
5	フェイスブック	6,092.5	米国
6	バークシャー・ハサウェイ	4,925.0	米国
7	アリババ・グループ・ホールディング	4,795.8	中国
8	テンセント・ホールディングス	4,557.3	中国
9	JPモルガン・チェース	3,740.0	米国
10	エクソン・モービル	3,446.5	米国
11	ジョンソン・エンド・ジョンソン	3,375.5	米国
12	ビザ	3,143.8	米国
13	バンク・オブ・アメリカ	3,016.8	米国
14	ロイヤル・ダッチ・シェル	2,899.7	英国

日本の企業　　→　32
アメリカの企業　→　15
イギリスの企業　→　　3

　6割以上が日本の企業だったのだ。
　30年前は日本が世界をリードしていた。
　アメリカをはじめ，世界各国の企業が日本に追いつけ追い越せという形になっていた。
　ちょうどその頃，第3次産業革命といわれている大変化が起こった。「インターネット」の登場だ。
　インターネットは瞬く間に世界中に広がり，知的労働を代替していった。
　基本技術（汎用目的技術）をいち早く取り入れた国は「アメリカ」。GAFA（ガーファ）に代表される企業は一気に成長していった。
　その結果のひとつが「世界時価総額ランキング（平成30年）」である。
　立場は逆転し，次は日本がアメリカの企業に追いつき追い越す形となった。

　次におとずれる第4次産業革命を生き抜き，日本が世界をリードしていけるかどうかは，これからの教育にかかっている。そのひとつが「プログラミング的思考の育成」だ。30年後の子どもたちの未来を，日本の未来を見据えた教育が，今求められている。

（※図は，谷和樹氏の実践をもとに許が作成。）

3 プログラミング的思考を「カリキュラム化」する

　欧米では「Computational Thinking（コンピュテーショナル・シンキング）」という考え方が有名である。「できるだけ細かく分解する」「全体の流れを作る」「抽象化する」などの思考スキルだ。先行研究をもとに，具体的な思考スキルをピックアップしカリキュラムを設計していく。

1 コンピュテーショナル・シンキング

　系統的に「プログラミング的思考」を育てるためには何が必要か。

> 第一に，「やってみること」だ。

　とにかく授業してみる，実践してみる。

　やってみないことには何も始まらない。
　そのためのいくつかの指導事例を紹介している。
　子どもたちと一緒にパソコン室へ行き，「ビジュアルプログラミング言語」サイトを体験するだけでもいい（※スクラッチ，ライトボット，アワーオブコードなど）。
　準備が整ってからと考えていては，いつまでたっても前に進めない。

> 第二に，「カリキュラム化」しなければならない。

　各学校ごとに年間計画をたてなければならない。
　小学校1年生から6年生まで，可能ならば幼稚園や中学校までを見通して年間計画の中に位置づいているのが望ましい。
　教科としては新設されないが「必修化」される。したがって，各学校

でのカリキュラム・マネジメントをする必要がある。
　実際はどうだろうか。
　2020年から必修化されるが，多くの学校では「検討もされていない」というのが現状だと考える。
　カリキュラム化するには，まずプログラミング的思考に必要な下位項目，つまりサブスキルをピックアップしていかなければならない。
　プログラミング的思考に必要なスキル・指導法にはどのようなものがあるのか，数十，できれば百くらいリストアップする。
　リストアップしたスキル群を「並列」に並べるのではなく「グルーピング化」する。
　その上で，易から難へという順で「スパイラル」にカリキュラムを設計する。
　戻っては進み，戻っては進みという形で，1年生から6年生までに配置していくイメージだ。
　欧米ではいくつか研究された考え方がある。「コンピュテーショナル・シンキング」と呼ばれるものがそのひとつだ。
　インターネットで検索すると欧米の研究論文がたくさんヒットする。（下図を参照）

Computational Thinking skills and ways to identify them
(from Dagiene, Sentance, Stupuriene, 2017)

Computational Thinking skill	How to spot use of that skill
Abstraction	Removing unnecessary details; Spotting key elements in problem; Choosing a representation of a system
Algorithmic thinking	Thinking in terms of sequences and rules; Executing an algorithm; Creating an algorithm
Decomposition	Breaking down tasks; Thinking about problems in terms of component parts; Making decisions about dividing into sub-tasks with integration in mind, e.g. deduction
Evaluation	Finding best solution; Making decisions about good use of resources; Fitness for purpose
Generalization	Identifying patterns as well as similarities and connections; Solving new problems based on already-solved problems; Utilizing the general solution, e.g. induction

これを日本の子どもたちに身につけさせるためには，どうすればいいのか考える。
　先日，とある教材開発会議で「社会科におけるプログラミング的思考の育成」が話題になった。
　会議の中で谷和樹氏（玉川大学教職大学院教授）から次の提案があった。

> 社会科における「プログラミング的思考の育成」とは何か。
> 　第一に，「社会事象を要素に分解する（できるだけ細かい要素に分解する）」ということ。
> 　第二に，「分解した要素をフローチャート化する」ということ。
> 　　① こういう順番で物事がすすんでいっている。（順次処理の思考）
> 　　② こういう順番ですすんではいるが，次のような条件のときには分岐している。（分岐処理の思考）
> 　　③ こういう流れが生活の中で繰り返されている。（反復処理の思考）
> 　第三に，「それらを因果関係（原因と結果）で説明できる」ということ。

2　プログラミング言語サイトを活用しよう

　前述した欧米の「コンピュテーショナル・シンキング」では，必要なスキルとして次のようなものが提案されている。

> Decomposition（問題の分解）
> Algorithmic Design（アルゴリズムの設計）
> Abstraction（対象の抽象化）
> Pattern Recognition（パターンの発見）

　前にも紹介した「フローチャート化」する学習は，「アルゴリズムの設計」そのものである。
　また，アルゴリズムを設計する際に「**Debug（デバッグ）**」という概

念も大切なキーワードになる。

　デバッグとは，「**一度プログラミングしてみる→実行する→思い通りの動きにならない→間違いを見つけて修正する**」という一連の作業のことだ。有名な「ビジュアルプログラミング言語」サイトは，これらのスキルを楽しく直感的に学べるよう設計されている。

❹ ナビゲーションシステム付きのサイトを活用する

　導入は，「楽しそう」「できそう」と思わせる一斉学習から始める。個別学習の段階ではナビゲーションシステムが個々の能力差に対応してくれる。

　プログラミング的思考とは，次のように定義されている。

---
① 自分が意図する一連の活動を実現するために，
② どのような動きの組み合わせが必要であり，
③ 一つ一つの動きに対応した記号を，
④ どのように組み合わせたらいいのか，
⑤ 記号の組み合わせをどのように改善していけば，
⑥ より意図した活動にちかづくのか，
⑦ といったことを論理的に考えていく力

　パソコンクラブ23名（4～6年生）を対象にいくつか授業してみた。45分間のクラブ活動の流れ（基本型）は次の通り。

　　活動A（5分）　パソコンの準備，出席確認
　　活動B（5分）　本時で使うツールの一斉指導
　　活動C（15分）各自で課題にチャレンジ
　　活動D（5分）　課題の解説，情報のシェア
　　活動E（10分）自由時間
　　活動F（5分）　学びの発表，連絡，後片付け

ライトボット
http://lightbot.com/

アワーオブコード
https://hourofcode.com/au/ja

　特に授業しやすかった子ども向けビジュアルプログラミング言語は「ライトボット」と「アワーオブコード」の2つだった。

　ナビゲーションシステムがついていて，子どもたちが1人で課題に取り組めるようになっている。画面に表示される指示やヒントも端的で分かりやすい。スモールステップでシンプルに「プログラミング的思考」の基本を学べる。

　ライトボットには「エラー音」がない。操作や組み合わせが正しくない時に「エラー音」が鳴らないだけで，やる気が全く違ってくる。アワーオブコードは多様なコンテンツを自由に選ぶことができる。「スターウォーズ」や「アナと雪の女王」など自分好みのストーリーで課題に取り組める。また，いつでも自由にコンテンツを再選択できるようにもなっている。初期の指導に最適である。

5 クラウド・コンピューティングとiPad等を活用した授業づくり

　iPad等の教育分野への活用のポイントは，次の3点である。①クラウドを活用した教育資源の共有化，②タッチパネルを活用した児童の学習効果の向上，③携帯性と通信機能を活用した教室・野外学習場面での活用。iPad等を活用することで，時間や場所を超えた学習ができる。

　その効果を最大限に発揮するのは，「クラウド・コンピューティング」

を活用した授業である。

　教科の授業の中に，クラウドを活用した学習活動を取り入れたのが本提案である。

1　本単元で伝えたいこと

　iPad等を子どもたちが使うことで，クラウド・コンピューティングを活用した学習活動を「誰でも」「簡単に」実現できる。

2　本単元の重要キーワードと，その概要

```
教育の情報化
クラウド・コンピューティング
ユースウェア
Webアプリ
AR（Augmented Reality＝拡張現実）
```

　1　教育の情報化　→　「iPad」は2010年11月現在，全世界で300万台以上が売れている。日本でも注目をあびている最新IT機器だ。これを授業でどう活用するのか。今までにない，新しい実践である。iPadの登場を時代の変化の中でとらえる必要がある。情報産業の変化と「教育の情報化」の構造を，次のようにまとめることができる。

　情報産業は幅広いので，教育の分野に特化して構造化してみた。まず，人類の歴史の中で産業構造の変化をとらえる必要がある。

　第一は，「農業革命」だ。狩猟・採集から農耕・牧畜へと構造が変化し，食料を安定して手に入れることができるようになった。

　第二は，「産業革命（工業革命）」だ。さまざまなエネルギーが発見され活用することで，工業が一気に発達した。

　そして第三は，現在の「情報革命」である。インターネットによって，社会の構造が大きく変化している。今まさに変化の真っ只中である。情報産業は日々進化しつづけている。ＷＷＷの発見から，

| 情報産業の変化と「教育の情報化」構造図 | 2010.8 第一案
作成 許 鍾萬

C) ＩＴ機器を活用した新しいタイプの授業の開発
① 「プロジェクターで資料を投影する授業」の開発
② 「Ｗｅｂページを活用した授業」の開発
③ 「自作の授業用コンテンツを活用した授業」の開発
④ 「Ｆｌａｓｈを活用した授業」の開発
⑤ 「ランキングシステムを活用したゲームサイト」の開発
⑥ 「ＧｏｏｇｌｅＥａｒｔｈを活用した授業」の開発
⑦ 「ＧｏｏｇｌｅＳｋｅｔｃｈＵｐを活用した授業」の開発
⑧ 「Ｙｏｕｔｕｂｅを活用した観光立国教育」の開発
⑨ 「タッチパネル（電子黒板）を活用した授業」の開発
⑩ 「ｉＰａｄ、ｉＰｈｏｎｅを活用した授業」の開発

教育の情報化ビジョン
骨子（素案）について
（2010.07.07 JAPET）

第二章
学びの場における
情報通信技術の活用

1．デジタル教科書・教材
☆学習者用デジタル教科書
については、実証研究や諸課題、書籍一般の電子書籍化の動向等を踏まえつつ検討・推進することとする。

■指導者用デジタル教科書
[教員が提示して指導するもの]

■学習者用デジタル教科書
[子ども達が学習するためのもの]

1 教育の情報化に関する手引き [文科省、平成21年3月30日]

2 IT新改革戦略 （ＩＴ戦略本部、平成18年1月19日）

3 教育基本法に基づいた「教育振興基本計画」[閣議決定、平成20年7月]

4 「新学習指導要領」 （平成23年度より実施）

『 原口ビジョン 』
（総務大臣／内閣府特命担当大臣）
デジタル教科書を
全ての小中学校全生徒に
配備（2015年）

第２章 どう始めるか！プログラミング学習

```
狩猟・採集から農耕・牧畜へ    エネルギーの発見       インターネット,Webの発見
      農業革命              産業革命               情報革命
```

A) 教育の情報化

教育ポータルサイト『TOSSランド』

① いつでも、誰でも、無料で使える
② データベース化ではなく、WWWで。
　　（ワールド・ワイド・ウェブの思想）
③ Internet Explorer に情報をのせる。
④ 現場の教師がボランティアで構築。
⑤ Flashやディレクターなどで作った
　　インタラクティブコンテンツ群。
⑥ Wiki を活用した教育用写真集
　　「フォトペディア」
⑦ blog による教育実践の発信

B) ユビキタス (Ubiquitous)

それが何であるかを意識させず（見えず）、しかも「いつでも、どこでも、だれでも」が恩恵を受けることができるインターフェース、環境、技術のこと。ユビキタスは、いろいろな分野に関係する。

①トレーサビリティー、QRコード
②音声認識ソフト、ハード
③iPhone、iPad…

1 WWWの登場

① マイクロソフト社の Internet Explorer 配布
② 「ツリー型」から「リゾーム型」へ
③ 「つかう側」から「発信する側」へ

2 Web2.0の登場（集合知）

① SNS（ソーシャルネットワークサービス）
② blog（ブログ）による情報発信
③ Wiki（ウィキ）による情報の共有化

3 クラウドコンピューティング
　　（cloud computing）

ネットワーク、特にインターネットをベースとしたコンピュータの利用形態のこと。ユーザーはパソコン処理をネットワーク経由で、サービスとして利用する。

iPhone、iPadの感知　（2010年10月現在）
①アプリによる情報管理：カレンダー、音声、画像…
②アプリによる情報発信：セカイカメラ、Youtube…

Web2.0へ。最近では「クラウド・コンピューティング」へと進んでいる。

iPhoneやiPadの登場も，このような大きな流れの中でとらえなければならない。もうひとつ大切なのは「法律」だ。

情報産業は，国家の大きな戦略の中で成長し変化している。「教育の情報化」という視点で全体構造をとらえるときにも，やはり根拠となる法律を知っておく必要がある。最新の国家戦略では「すべての小中学生にデジタル教科書を配布する」ことまで明記されている。時代の変化を先取りし，研究に着手しなくてはならない。

例えば，iPhoneを活用した授業の開発だ。iPhoneは今までの携帯電話とは，全く異なった作りになっている。特に，ダウンロードできる無数のアプリの中には授業で使えそうなものも多い。AR（拡張現実）技術を取り入れた「セカイカメラ※」というアプリはその代表だ。子どもでも簡単に操作し，情報を発信できる。（※2014年1月に全サービス終了）

2 クラウド／デジタル教科書 → クラウド・コンピューティングは，インターネットを介したコンピュータの利用形態である。iPadは常にネット接続されていることが前提となっており，この使用形態の長所を最大限に引き出せる。企業が提供しているサービスもたくさんある。「DropBox」「EverNote」などのアプリは代表格ともいえる。活用メリットとしては次の4点。

① 教師が開発した教育資源を共有できる。
② 児童がアウトプットしたデータ（テキスト・音声・画像等）を保存できる。
③ それらのデータをグループで更新できる。
④ iPadからいつでも参照でき，活用できる。

　デジタル教科書も開発されている。学校現場の導入も急速に進んでいる。「iPad」等の教育分野への活用を視野に入れた場合，研究の方向はいくつかある。**第一に，iPad等は子どもが持つということ。**基本概念は「子どもが持つ」ということである。iPad等を教師主体で使う，いわば「提示用」ならばスマートボードの方が圧倒的に良い。そうではなく，子どもが持ち操作するという視点からの研究が重要だ。iPadのようなものを持たせるより「紙」の方が圧倒的に良いんだという意見もある。紙の良さを否定するわけではない。が，デジタルならではの良さ，デジタルにしかできないという場面もある。例えば，長崎県公立小K・H氏の実践である。iPad 10台を子どもたちが操作し，授業の中で活用している。「iPad研究通信」にまとめられている数々の実践報告には専門家もびっくりしている。子どもたちがiPadのような端末を持ち活用できることを実証している。ダイナミックかつ具体的な実践である。**第二に，子どもが持つならば「デジタル教科書」として，どのようなものが必要なのかということ。**ここの重要なポイントとなるのは「クラウド・コンピューティング」という概念である。高速のインターネット回線に接続された環境から，いつでも・どこでも・だれでも情報にアクセスできるネットワークシステムだ。既存のPCのように，情報を端末の中に保存するのではなく，インターネット上（サーバー）にすべて保存する。そうすることで，場所や時間にとらわれない情報の共有，発信が可能になるのである。「クラウド・コンピューティング」のひとつの具体例が「デジタル教科書」だ。「デジタル教科書」というのは，単に手元で教科書を見るだけだと思っている人がいるようだが，それだけならば「紙」の方が圧倒的に良い。

単にiPad等でデジタル教科書を表示して，指でめくってみるというだけでは意味をなさない。例えば，文字や写真だけの画面から「動画」へとすぐにアクセスすることが可能になる。あるいは，「クラウド・コンピューティング」という概念を活用し，あっというまに他人のデータと自分のデータを共有・比較することが可能になる。なぜデジタル教科書が良いのか，具体的な実践事例や研究データをたくさん集める必要がある。**第三に，iPadならではの特徴のある「コンテンツ」を開発すること。**

　iPadの特徴は，大まかに次の6つである。

特徴1　タッチパネル型　指先でフリックする直感的なGUI（Graphical User Interface）
特徴2　常時接続によるクラウドとの連携
特徴3　Wi-Fi及びBluetoothでの遠距離，近距離の接続によるユーザー間通信
特徴4　GPSやコンパスによる使用地点と方向の特定
特徴5　加速度センサーの内蔵による縦横の自由回転
特徴6　その他色彩の明瞭さ，音質，マイク感度等

　以上のような特徴を発揮しているアプリのほうが，iPadアプリとしての効果は高いと考えられる。

　例えば，星空を見るアプリ「Starwalk」。iPadを持って立つとiPadをかざしている方向に見えるはずの星が美しく表示される。iPadをかざす方向をかえると，その動きに合わせて星空もかわる。iPadに内蔵されているGPSやコンパスという機能を使って場所や方向を感知しているのである。これはiPadにしかできない，iPadならではのコンテンツと言える。その他にも「習字系のアプリ」，「yubi-chiz」といったようなiPadの特徴，特性を活かしたアプリがたくさん存在する。それらを超えるTOSSコンテンツの開発をすすめている。さらに，iPad等を活用したときの「指先と脳の関係性」の研究も必要だ。

3 ハードウェア／ソフトウェア／ユースウェア → 教材の「ユースウェア」の重要性を問題提起したのは向山洋一氏である。

> すぐれた教材・教具は，教師を助けてくれる。子どもの学力，知力を飛躍的にのばす。但し「使い方」が大切だ。
> 「パソコン」でも「薬」でも「使い方」がある。自分の思ったように使っても，効果はない。すぐれた教材も，使い方（ユースウェア）とセットとなっている。ユースウェアとは「授業のやり方」なのである。
> 　　　　　　　　　（『教室ツーウェイ No.394』向山氏の論文より）

　向山氏は，ユースウェアの必要性を何度も提唱している。すぐれた教材・教具には必ずユースウェアがセットになっている。
　ハードウェア，ソフトウェア，ユースウェアがそろってこそ効果を発揮するのである。iPad 等の事例で考えてみる。
　iPad 等の機材そのものは「ハードウェア」だ。さまざまな機材が登場しているが，現状では iPad が圧倒的にすぐれている。これを使った実践が主流となる。
　中に入れるアプリが「ソフトウェア」となる。iPad はアプリ面でもすぐれている。
　しかし，教育に特化した，いわば「授業で活用する」「子どもが使う」といった視点で開発されたアプリは少ない。現場の教師がボランティアで作り出した TOSS ランドのコンテンツにはかなわない。子どもが熱中するノウハウが散りばめられている。「TOSS ランドの子ども用コンテンツを iPad 版へ移植する」ことで，ソフトウェアはさらに充実するだろう。次のような TOSS ランドのコンテンツは iPad 用のアプリ（APP）としても適している。
　これからの Web サイトは「HTML5」が主流になる。
　TOSS ランドの子ども用コンテンツを「HTML5」形式で，iPad に移植する研究をすすめている。

> TOSS『Web アプリランド』試作版
> http://jyongman.fc2web.com/webapri/top.htm

　アプリをいくつか作ってみた。iPad でアクセスすれば体験できる。

　「アプリ」を，おおざっぱに分けると次のようになる。ひとつは「**(一般的な) アプリ**」，もうひとつは「**Web アプリ**」だ。ごく粗く分けると，この二つになる。iPad 等で使える「アプリ」は，一般的に「専用アプリストア」で購入しインストールする。それぞれの企業が，それぞれの配信方法を作っている。購入した「アプリ」は，対応した端末でしか表示されない。つまり，アップルの「App Store」に対応しているアプリは iPad でしか使えない。アップル社以外にもタブレット端末の開発はすすんでいる。AppStore だけに対応したアプリでは，変化への対応がむずかしい。アプリを開発するには，必要な道具とスキルがある。

　① APP 開発環境（iMac などのパソコン）
　② Object-C 言語等の知識・スキル
　③ その他プログラミングソフトウェア

　どれも，今すぐにというには無理がある。真剣に勉強する期間が必要だ。このようなアプリに対して，「ネット上にアプリをおき，その URL にアクセスして使う」というタイプのものが「**Web アプリ**」だ。ネット上にアップするので，特別なソフトは必要ない。ホームページをアップする環境があれば十分である。Windows を搭載しているパソコンで，そのまま作成できる。

　専用のアプリストアも必要ない。URL を知っている人ならば，誰でも自由にアクセスできる。仕組みとしては，TOSS ランドをイメージすれば分かりやすい。どちらもメリット，デメリットがある。現在，両方の研究をすすめている。

　今のところ，後者の「Web アプリ」のほうが開発の可能性がある。TOSS ランド構築で活用したコンテンツ開発のスキルを，そのまま利

		メリット	デメリット
一般的なアプリ	①	誰でもクリック1つで購入できる（クレジットカード，電子マネー）	① 公開するために，有料の開発者登録が必要
	②	ソフトウェアなどの開発環境が充実している	② 公開するために，企業による審査が必要
	③	iPadなどのハードウェアの機能を利用できる	③ C言語などの新しい知識が必要
			④ Macのコンピュータで開発しなければならない
			⑤ バグが出た場合の修正に時間がかかる
			⑥ 開発のサイクルが長くなる
Webアプリ	①	Windowsのパソコンをそのまま使って開発できる	① iPadなどのハードウェアの機能を利用できない
	②	Webデザインなど，今までの知識を適用して開発できる	② ダウンロードによる収益を得ることは難しい
	③	Webブラウザさえあれば，iPad以外の機種でも表示できる	③ レイアウトなど，細かい設定がむずかしい
	④	コンテンツの修正がしやすい	
	⑤	開発サイクルが短くなる	

用できるからだ。しかし，より専門的で楽しいアプリを作るために，一般的なアプリの開発も視野に入れておく必要がある。先行研究として，上記の方法でソフトウェア「Webアプリ」を作ってみた。次のURLへアクセスしてほしい。

iPad版しりとりチャレラン
　http://jyongman.fc2web.com/iPadDemo7.htm
　（※ iPad，iPhoneに対応。）

　原実践は，伊藤亮介氏の「ペーパーチャレラン」である。（TOSSランド No. 5100019）iPadへと移植するために，次の9点を修正した。
1　ルールの説明文を短くした。（5行を2行に）→ iPadの画面スペース上の問題。せまい。
2　タイトルの横に「注意書き」を付け加えた。→ iPadの画面が横向

きになると，単語が見えなくなるから。

③　最高15点までの枠を，25点まで拡大した。→15点をこえた場合，新しく枠を書き加えたり，余白に書いたりすることがiPadでは困難なため。

④　①②③…の番号を，1点2点…と修正した。→「番号が得点になります」という説明文を省略したため。最初から点数を書けば混乱しない。

⑤　しりとりの単語を，画面下半分に移動した。→上から下へ移動させると，手で目的箇所が見えなくなる。

⑥　イラストをカットした。→ダウンロードに時間がかかるため。コンテンツをできるだけ軽くした。

⑦　あ行，か行などの見出しをカットした。→iPadの画面スペース上の問題。

⑧　単語を「カード型」にし，色で分類した。→「あ行」「か行」など見出しを省略したため。iPadなら色をつけても無料。色をヒントに，単語を探すこともできる。

⑨　すすむ方向がわかるように，矢印をつけた。→テスト操作をしてみて，矢印をつけた方がわかりやすかったから。

　教室で実践するためには，アプリと一緒に「ユースウェア」も必要だ。
　次に紹介するユースウェアは「iPad版しりとりチャレラン」を使うための暫定的なものだ。

Ⓐ　iPadを縦向きにして使う。

Ⓑ　縦向きで表示したら「回転ロック」する。※音量調整ボタンの，横にあるボタン。

Ⓒ　リセットしたいときは，更新ボタンをおす。

Ⓓ　得点がきまったときは，画像を保存する。

　■遊び方Ⅰ　グループで協力する場合　iPadのまわりに集まって，一緒に挑戦する。相談しながら高得点を狙う。得点がでたら画面を保存

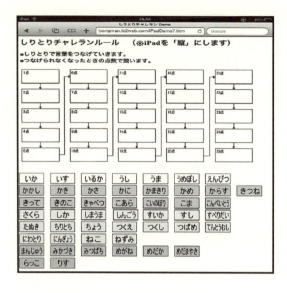

しiPadを持ってくる。黒板に，班の点数を書かせていくといい。何度でも挑戦できる。

■遊び方Ⅱ　グループでまわす場合　単語をおくたびに，iPadを次の人へわたす。もらった人が操作し，次の人へわたす。グループの中で，次々とiPadがまわる。このときに回転ロックしておくと混乱がない。得点がでたら，持っている人が画面を保存し，iPadを教師のところへ持ってくる。黒板に，班の点数を書かせていくといい。

■遊び方Ⅲ　ひとりで挑戦する場合　時間は無制限。とにかく高得点を狙う。得点がでたら，画面を保存しておく。

　「ソフトウェア（アプリ）」と「ユースウェア」をセットにすることで教室での実践，追試が可能になる。試作した「iPad版しりとりチャレラン」は，指先でアプリを操作する。iPadを囲んで，子どもたちが「ふれあう」場面をイメージして作った。このようなアプリをどうやって作るのか。「Webアプリ」を作るのに必要なスキルは，次の三つだ。作り方の詳細は，教育トークライン誌の連載「TOSSランド＆SNS・ブログを使った授業を創る」に詳しい。（東京教育技術研究所http://www.tiotoss.jp）

① HTML5(エイチティーエムエル・ファイブ) → ホームページを作るプログラム。
② CSS(Cascading Style Sheets カスケーディング・スタイルシート) → スタイルシート。既存のサンプルを使う。
③ Java スクリプト → 動きのあるコンテンツを作れるプログラム。サンプルを使う。

ハードウェアである iPad 本体そのものを使いこなすためのユースウェアも必要だ。「ほんのちょっとした技術」や「仕事術」な

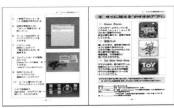

どを，TOSS関西中央事務局で冊子にした。「iPad 使い方テキスト」だ。(2010年のもの) 第1期シリーズ1巻から5巻まで完成している。多くの先生が，このテキストでユースウェアを身につけている。現在，「授業」をテーマに第2期を企画・作成中である。教育に特化した冊子である。(問い合わせ：TOSS 関西教育 NPO　http://www.tosskansai.jp/wp/)

6 とにかく「やる！」プログラミング教育実践

「ビジュアルプログラミング言語を教える」のではない。ポイントは「自分が意図する一連の活動を実現するために，どのような動きの組み合わせが必要であり，一つ一つの動きに対応した記号を，どのように組み合わせたらいいのか，記号の組み合わせをどのように改善していけば，より意図した活動に近づくのか，といった論理的に考えていく力」を育てることだ。

1 支援学級のAちゃんが作ってしまった！

Scratch（スクラッチ）を始めて5ヶ月のAちゃん。特別支援学級の3年生。

2学期末の休み時間に作ってしまった
『ゲーム型Scratchコンテンツ』がこれだ。

https://scratch.mit.edu/projects/260849349/

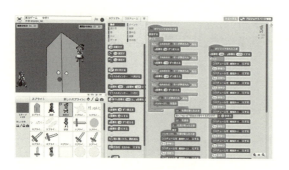

操作方法はシンプル。旗マークをクリックするとゲームが始まる。最初に敵キャラから質問される「帰らない」とキーボードで入力すると対戦が始まる。矢印キーでキャラクターを動かし，Zボタンで攻撃。

画面上部には，体力ゲージもある。本格的な対戦型バトルゲームだ。プログラムを見たければ「中を見る」をクリックする。ビジュアルプログラミング言語の全体の設計が見られる。

このゲームを「中間休み」に作ってしまった。時間にして，およそ30分程度。

大枠が完成した後，微修正して今の状態になっている。私は一度も教えていない。

2 「自分にも出来そうだ」と思わせる！

7月末，特別支援学級に在籍する4名にScratchを教えてみた。（3年生が1名，5年生が2名，6年生が1名）

最初は，大型ディスプレイにScratchの画面を映し出して，私がやって見せた。

次々と作ってみせることで「自分にもできそうだ」と思わせるようにした。

その後，TOSSメディアからダウンロードした「Scratch学習テキスト」を使って自学させた。ひとつの課題ができるごとにチェックして褒めていった。

基本的な操作を見つけた後は「Scratchに触れる時間」をたくさん確保した。

1人1台のノートパソコンを準備し，いつでも使えるようにした。

3年生のAちゃんが夢中になり「夏休みの自由研究」としてScratchを選んだ。

夏休み中，お母さんと一緒になり「七十コンテンツ」を作り上げた。

このAちゃんのスキルはあっという間にクラス全体へ波及していった。習得した技術を互いに教えあいスキルアップしていった。Aちゃんは「イラスト担当」，Bちゃんは「プログラム担当」，Cちゃんは「編集担当」といった形で，それぞれが得意な分野を担当し「分業」で作品を作り出すようになった。

2学期末現在，各自が「ユーザーアカウント」を作りコンテンツをWeb上で公開している。全国各地の小学生Scratchユーザーとの交流も始まりだした。

3 パソコン室でも実践してみる！

同じ時期に，パソコンクラブでも実践してみた（4〜6年生の23名）。

Scratchのようなビジュアルプログラミング言語サイトを使った学習である。

パソコン室で1回につき45分の活動。

> 45分間の指導の流れ（基本型）
>
> 活動①（5分）パソコンの準備，出席確認
> 活動②（5分）本時で使うツール一斉指導
> 活動③（15分）各自で課題にチャレンジ
> 活動④（5分）課題の解説，情報のシェア
> 活動⑤（10分）自由時間
> 活動⑥（5分）学びの発表，連絡，片付け

　基本的に，上のような流れで毎回のクラブ活動を設計した。私がいない時も，副担当の先生がすすめられるように基本的な流れをシステムにした。「一斉指導」の部分が最も大事なので，ここは私が毎回担当してすすめていった。

　パソコンクラブで実践したビジュアルプログラミング言語は以下の通り。

　　7月11日　　①スクラッチ
　　9月13日　　②プログラミン
　　9月26日　　③ビスケット
　　10月17日　　④ムーンブロック
　　10月31日　　⑤ライトボット
　　11月28日　　⑥Google ブロックリー

クラブ活動としての取り組みなので時間が限られている。勤務校の場合，年間で十数回しかない。したがって，ひとつのツールだけではなくいろんなツールを扱うことにした。多くに触れる中で，自分にあったものを使うようになればいいと考えたからだ。（担任している支援学級ではScratchひとつに特化している）2学期の活動で6つのツールを学んだ。以下，子どもの感想。

> ◆2学期で一気に5つのプログラミングゲームをやって楽しかった。特にライトボットが楽しかったです。(6年女児)
> ◆今までのゲームは頭に役立つゲームだった。将来,役立つゲームだと思う。(5年男児)
> ◆たくさんのプログラムゲームを教えてもらったので知識が増えたと思います。家でもやってみることが多くなったのでパソコンに慣れることができました。(6年女児)

7 子どもが熱中するプログラミングの授業

1 身近な生活の中にあるプログラミングの働き

　自動販売機やロボット掃除機。私たちの身近な生活の中でもコンピュータとプログラミングの働きによって動いているものはたくさんある。
　プログラミング教育を行うことで,今まで「魔法の箱」のように思えていた便利な機械の見え方が変わる。
　プログラミングを通じて人間が意図的に動かしているということを,直感的に感じとるようになる。
　動かすためのプログラミングコードを書けるようになることが目的ではない。「プログラミング的思考」を育てるための学習である。
　そのための方法は様々ある。

> 発問　自動販売機のプログラミング。自動ドアのプログラミング。エレベーターのプログラミング。
> 　　身近なコンピュータは,すべてプログラミングで動かしています。
> 　　それぞれの「プログラム」を予想してみましょう。

　プログラムの流れ図をノートに書かせて発表させた。この後,模擬授業では「世界時価総額別の企業ランキング(※2016年12月時点のもの)」

を見せた。日本の企業がどれくらいの位置にランキングしているのかを予想させた。(36～38頁に詳しく述べた)。

最後に次の言葉を読ませて授業を終えた。

> 「新しいビデオゲームを買うのではなく，自ら作りましょう。コンピュータはあなたの将来において重要な役割をしめます。」
> 　　　　　　　　　　　　　　　　　　　　（オバマ元アメリカ大統領）
> 「みんなコンピュータのプログラミングを学ぶべきだと思う。なぜなら，プログラミングを学ぶことで『考え方』を学ぶことができるからだ。」
> 　　　　　　　　　　　　　　　（アップル社創業者スティーブ・ジョブズ）

2 ロボット掃除機のプログラミングを予想しよう

説明1　プログラミングで動いているものは，私たちの身近にたくさんあります「ロボット掃除機」，見たことある人？　持っている人？（※挙手で確認）自動で動き，センサーで状況を判断し，部屋を掃除してくれます。インターネットにも接続されています。

発問1　ロボット掃除機は，一体どんなプログラミングで動いているのでしょうか。予想してみましょう。

　どんな命令を書けばいいのか予想しやすくするために，いくつかの条件をつけた。

条件①　家具がない部屋である
条件②　ゴミは拾い終わっている
条件③　ロボット掃除機1台分しか通れない，直線だけの部屋である

　これで命令がかなりシンプルになる。
　画面でヒントを見せながら「どんな命令を書けばいいか」を相談させた。
　「前へ，前へ」「進め，進め」などが発表される。導入でビジュアルプログラミング言語を操作している体験があるので，直感的に予想できる。

説明2　（画面を見せて）こういうことですね。このように，順番に，まっすぐ命令を処理していくことをプログラミングの専門用語で「順次処理（じゅんじしょり）」と言います。言ってごらん。

第2章　どう始めるか！プログラミング学習　　65

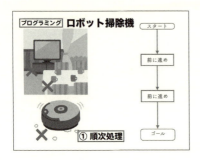

> 発問2　実際には，このように家具も壁もあります。ゴール地点もまっすぐではありません。今の命令では足りません。では，どのような命令を書けばいいですか。短い言葉で。お隣近所で相談（※指名発表）。

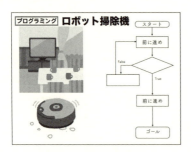

　実際の命令は複雑な「プログラミング言語」で書かれている。ここでは言語そのものを考えさせてもあまり意味がない。
　したがって，命令の予想は日本語でいい。
　画面のような「フローチャート（流れ図）」を書かせると，全体の仕組みをイメージできる。

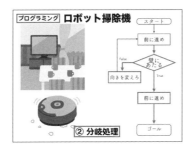

> 説明3　こんな感じだね。このように、ある条件の場合はこちらへと、動きが分かれる命令。「分岐処理（ぶんきしょり）」と言います。言ってごらん。

> 説明4　次々とすすめる「順次処理」、条件によって分かれる「分岐処理」。プログラミングには、あと1つの原理があります。くるくる回っている。「繰り返し処理」と言います。プログラミングは、この「3つの原則」の組み合わせで出来ています。

具体的な事例で考えるのが大切だ。

3 「買い物ロボット」をプログラミングする

「プログラミング的思考」を使う場面は身近にある。子どもたちの生活体験を取り上げて授業化するのがポイントである。

「プログラミング的思考とは何か」を教えるための導入として次のような授業をした（※原実践は谷和樹氏。2017年伊東合宿での提案授業の一部）。

> 説明　お母さんが「買い物ロボット」にお使いをお願いしました。

> 発問1　お母さんは「牛乳を1つ買ってちょうだい。卵があったら6つお願いね」と，ロボットに言いました。ロボットは何を買ってきたでしょうか。隣の人と相談してごらんなさい。

　予想を自由に発表させた。
　数名に発表させた後，「買い物ロボットは，これを買ってきました。」と言って次の画面を見せた。

「牛乳を6つ買ってきました。」
　少し間をとると「あ～，そういうことか」「なるほど～」と何人かの子どもたちがつぶやいた。

発問2　困ったロボットですね。みんながお母さんだったら，こういう時どうしますか？
① 途方にくれる
② 切れて怒る
③ プログラミング的思考をする

　子どもたちは「うちのお母さんは…」と自由に発言し盛り上がった。挙手で確認したところ②の「切れて怒る」が多数だった。

説明　切れて怒ってはダメです（笑）。「だって卵があったから」というロボットに怒っても仕方がありません。これからの時代は「プログラミング的思考」をしなければなりません。

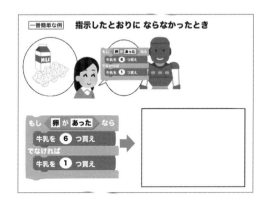

画面を見せて次のように言った。

第2章　どう始めるか！プログラミング学習

説明　お母さんの指示を「プログラミング的」には，こう書くことができます。

① もし卵があったなら
② 牛乳を6つ買え
③ でなければ
④ 牛乳を1つ買え

「買い物ロボットは，このように理解したのですね。」

発問3　この指示を，どう書き換えなければいけませんか（※子どもたちは Scratch を何度か勉強している）。正しいプログラム（命令）をノートに書きなさい。

少し時間をとって考えさせた。
考えたプログラムを指名して発表させた。例えば次のような意見が出た。
（A児）
① 牛乳を1つ買え
② もしなかったら
③ 別の店に行って買え
④ 卵を6つ買え
⑤ もしなかったら
⑥ 別の店に行って買え

（B児）
① 牛乳があったら，牛乳を1つ買え
② もし牛乳がなかったら
③ お母さんにまずメールしろ

④　卵があったら,卵を6つ買え
⑤　もし卵がなかったら
⑥　お母さんにまずメールしろ
⑦　なかったものは,インターネットで注文して買え

どの意見も認めて褒めた。家庭の様子も垣間見えて,とても盛り上がった。
「解答例」と「プログラミング的思考の定義」を教えて授業を終えた。

「解答例」→①　牛乳を1つ買え
　　　　　②　もし卵があったなら
　　　　　③　卵を6つ買え

「プログラミング的思考の定義」→「思ったとおりに動かすために(あるいは動かせないために)どんな命令をすればいいかどんなふうにすればいいか」という考え方を,『プログラミング的思考』と言います。

4　ロボットくんに「じゃんけん」を教えよう

「プログラミング教育週間」を設定し,学校全体で取り組むと無理なく学習できる。3時間(※「プログラミング的思考」だけなら1時間)でバッチリ。単元の組み立てと指導略案付き。

　本授業プランは「総合的な学習の時間」および「特別活動の時間」に「パソコン室」で行うことを想定している。
　授業内容は「低学年用」とし,全3時間でひとつの単元になっている。
　「中学年以上」で行う場合は,発展的な内容を付け加えることもできる。
　それぞれの授業は「パーツ」に分かれているので,各学校の実態に合

わせて組み替えて追試することもできる。

第1時
① 「ゆびまるくん検定」→10分
TOSSランド No. 5200020
http://www.human.gr.jp/key/11kentei/index.html

　パソコンの立ち上げや設定の時間差を埋めるため「タイピング練習」から始める。休み時間から準備をはじめ，次々と取り組ませていく。
　1回目に操作方法を教えておけば，2回目以降は子どもたちだけで進められる。
　ノート，もしくは検定表などを準備しておき「どの級にチャレンジして」「何秒でクリアできたのか」を記録させておく。
　トップページをそのまま印刷して，余白に書き込んでもいい。

② 「プログラミング的思考1」→15分
　広いスペースに全員を集め，一斉授業の形ですすめる。

指示1　となりの人と「じゃんけん」しましょう。

説明1　ロボットくんに「じゃんけん」を教えてあげましょう。ロボットくんは，じゃんけんが全く分かりません。

発問1　まずはじめに何をしますか。

テンポよく数名指名して発表させる。「まず，合図を出します」

発問2　次に何をしますか。

テンポよく数名指名して発表させる。「自分の手を出します」

答えを確認しながら，黒板に「フローチャート」を少しずつ書いていく。
　（中学年以上の場合は，ノートに書かせていくと良い。）

| 発問3　次に何をしますか。 |

「相手の手を見ます。」

| 説明2　みなさんがやっている「じゃんけん」は細かく分けると，このようなルールになっています。コンピュータには，ひとつひとつ教えなければなりません。 |

　物事を「細かい要素に分解する」することを「Decomposition（問題の分解）」という。プログラミング的思考のひとつである（中学年以上の場合は，専門的な言葉もキーワードとして教えてもいい）。

　③「ライトボット」→15分
　http://lightbot.com/flash.html

第1ステージは，画面を見せながら教師がやってみせる。全体にやり方を示した後，個別に取り組むようにする。
　第1ステージはナビゲートがついており，低学年でも簡単に操作できるように設計されている。
　スモールステップで学べるので「初めてのプログラミング体験」に最適である。

④　学びの発表・情報のシェア→5分
広いスペースに全員を集め，感想や学びを指名なし発表させる。
うまくいった方法などをシェアできる。
教師が個別に取り上げて褒めてもいい。

第2時
①「ゆびまるくん検定」→10分

②「プログラミング的思考2」→15分

> 説明　ロボットくんに「じゃんけん」を教えます。まず「合図を出します」。次に「自分の手を出します」。次に「相手の手を見ます」。

前回までの「フローチャート」を黒板に書きながら復習する。
（中学年以上の場合は，ノートを開いて途中まで書いたフローチャートを見る）

> 発問2　次に何をしますか。

テンポよく数名指名して発表させる。
「勝ったかどうか考えます」

> 説明　このような手順のことを「アルゴリズム」といいます。アルゴリズムが一目でわかるように書いた図を「フローチャート」といいます。

「合図を出す」→「自分の手を出す」→「相手の手を見る」…のように，順番に進んでいくプログラムを「順次処理」という。

また，「勝った場合」「負けた場合」のように，条件によって別れるプログラムを「分岐処理」という。

中学年以上で授業する場合は，キーワードとして教える。フローチャート示しながら，どの部分が順次処理で，どの部分が分岐処理なのか説明させるといい。

③「プログラミン」→15分
http://www.mext.go.jp/programin/

「ビジュアルプログラミング言語」といい，直感的にプログラム作りを体験できるサイト。

このサイトを自由に使わせてもいいが，より効率良く教えるために，TOSSランドと合わせて使うことをお勧めする。

TOSSランド No. 6147043
まねして覚えるプログラミン（順次）

TOSSランド No. 4770440
まねして覚えるプログラミン（反復）

TOSSランド No. 4000348
まねして覚えるプログラミン（分岐）

国語の「視写教材」のように，お手本通りにプログラムすることで

「順次」「反復」「分岐」を覚えることができる。

> 説明1　プログラミングとは，コンピュータやロボットに上手に「命令」することです。

お手本プログラムへのリンクが貼られている。クリックして画面を表示させる。

順次のプログラミンのアニメーションを見せる。

> 発問1　犬はどのように動いていましたか。お隣さん同士説明しなさい。

子ども（上に行ったり，横に行ったりしていた）。

> 指示1　プログラムを見てごらんさい。命令が，次々と組み合わさっていますね。このような命令の出し方を順次（じゅんじ）といいます。

> 指示2　犬と同じようにうさぎを動かします。犬のプログラムをそっくりそのまま，うさぎにプログラミングしなさい。できたら，「さいせい」を押して，同じように動くか確認しなさい。

机間巡視し，難しそうな子には，途中まで教師がプログラムしてあげる。

指示3　完成した人は，順次のプログラムで，好きな絵を動かしなさい。

（北海道の塩谷直大氏の実践）

「分岐」と「反復」も同じようにお手本を使って学べるようになっている。
　TOSSランドで「プログラミン」とキーワード検索してもアクセスできる。http://www.tos-land.net/

④　学びの発表・情報のシェア→5分

第3時
① 「ゆびまるくん検定」→10分
② 「プログラミング的思考3」→15分
③ 「アワーオブコード」→15分
https://hourofcode.com/au/ja/learn

「じゃんけんのプログラムが完成しました。ところが，ロボット君は何か困っているようです」

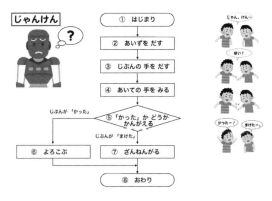

発問1　ロボットくんは，プログラムの何番で悩んだのでしょうか。

次々と発表させる。理由も言わせる。
　ここでは「⑤『勝った』かどうか考える」を正解とする。「あいこ」がないのだ。

| 指示1　どう直せばうまくいきそうですか。お隣さん同士説明しなさい。 |

　この後，フローチャートを検討する。
　④　学びの発表・情報のシェア→5分

5 知識として教える情報モラル

　道徳の時間や学校生活の中で子どもたちはさまざまな「資料」に出会う。
　子どもたちにとって，出会う「資料」が何らかの影響を持つのは違いない。
　できることなら心に響く「力のある資料」に出会わせたい。
　「力のある資料」をカリキュラム化し，どの子にもちゃんと出会わせてあげたい。
　その際，発問をどうするか。

| 余計な発問はしない |

　読み聞かせるだけでいい。
　映像なら見せるだけでいい。
　「力のある資料」は，それだけで子どもたちの心に響く。
　出会わせるだけでいい。
　この場合「評価」が出来ない。
　どんな資料に出会わせたかを説明するだけになる。したがって「履修型」の学習となる。

　スパムメールは開けない。
　怪しいボタンは押さない。

見おぼえのない請求書を送るというメールはクリックしない。
　このような場面で冷静に判断できるのは「知識」があるからである。
　知識がないとパニックになってしまう。
　情報モラルについては，道徳の授業で「知識」として教えることが大切だ。
　その際，具体的な事例をもとにして教えるようにする。
　小学校高学年を対象に「ユーザーIDの取り扱い」について授業した。
　私が勤務している兵庫県姫路市では「事例で学ぶNETモラル」という学習パッケージが配信されている。
　サイトにアクセスすると，子どもたちが巻き込まれやすいトラブルや事例をアニメーションで見られる。
　その中で「ユーザーIDを見知らぬ相手に教えてしまう」という事例アニメを子どもたちに見せた。

> 　主人公の女の子（中学1年生）がいろんな友達とゲームで遊びたいという欲求にかられる。プレイヤーのプロフィール一覧を見て，自分と同じくらいの年齢のプレイヤー（中学1年生の女子）に連絡をとる。そのプレイヤーが「一緒に遊べるからIDを教えてほしい」と返信がくる。主人公はすぐに自分のIDを教えてゲームの中で遊ぶようになる。

　よくある事例だ。
　事例アニメを途中で止めて，次のように発問した。

発問1　このあと，どんなことが起こると思いますか。

　大人ならすぐに「事件が起こる」と考える。情報モラルの知識があるからだ。
　子どもたちはどうか。
「仲良く遊べたと思います」
「友達がもっと増えて喜んだと思います」

楽観的な意見がたくさん出た。
ひと通り発表させた後，事例アニメの続きを見せた。

　IDを教えた後，主人公は個人的な連絡も取り合うようになる。クラスで流行っているもの，よく買い物するお店など話で盛り上がる。ところが，自分と同じくらいの年齢だと思っていたプレイヤーの正体は，大人の男性だった。正体を知らない女の子は次々と個人情報を教えてしまう。やがて住んでいる場所まで特定されてしまうことになる。

楽観的な意見を発表した子どもたちは驚いていた。
ちょっとしたことが大きな事件やトラブルに発展してしまう。
続けて次のように発問した。

| 発問2　どの時点なら事件（トラブル）を防げましたか。|

この事例アニメーションの場合でいうと「IDを教えて」と言われた場面だ。
見知らぬ相手にユーザーIDを教えてしまったところがターニングポイントである。
場面を特定し必要な「知識」を教える。
「ユーザーIDを見知らぬ相手に教えない」
知識を教えた後，さらに次のように発問した。

| 発問3　どうすれば良かったのですか。他の方法を考えなさい。|

多様な考え方が出る場面だ。
IDを教えてはいけないことは学んだ。しかし，友達と遊びたいという想いもある。
IDを教えずに友達と遊べる方法はないか。
二者択一の思考方法ではなく，どちらもうまくいく方法を考えさせた。

自由に発表させ，どの意見も褒めて認めた。
授業後，子どもたちは「他の事例も知りたい」と言っていた。

知識はテスト可能である。
テストすると「評価」できる。
隣同士で言わせるなどの簡単なテストでもいい。
ただ，テストに合格して知識を身につけた子が道徳的な行動をとるかどうかはわからない。
あくまで，道徳の授業の「ある一部分」をテストするだけだ。

前述した**「事例で学ぶ NET モラル」**には**「NET モラル検定」**というシステムもセットになっている。
カリキュラム化された知識を，検定という形で評価できるようになっている。
教科書の教材と合わせて使うと効果的だ。
文科省のホームページで次のようなサイトも公開されている。

情報モラルに関する指導の充実に資する〈児童生徒向けの動画教材，教員向けの指導手引き〉・〈保護者向けの動画教材・スライド資料〉等
http://www.mext.go.jp/a_menu/shotou/zyouhou/1368445.htm

内容は次の通り。
①動画教材（動画へリンク）
②教材静止画概要資料（教師用）
③指導の手引き
④ワークシート
紹介した発問もセットで使うと熱中する授業展開になる。

6　校内研修で使えるテキスト紹介

（　　　　　　　）小学校　校内研修用テキスト

プログラミング的思考を育成する
「プログラミング教育」はじめの一歩

名前（　　　　　　　　　　）

プログラミング教育って、「プログラマー」を育てることだと思っていませんか？そうではなく、「プログラミング的思考」を育むのが目標なのです。

〈目次〉
Q1　「プログラミング教育」とは何ですか。
Q2　「プログラミング的思考」の育成に必要な条件は何ですか。
Q3　具体的に、どのような方法で教えればいいのですか。
Q4　教科の指導では、どのような指導事例があるのですか。

Q1　「プログラミング教育」とは何ですか。

①小中学校でのプログラミング教育は、何年から始まるのでしょうか。予想して右の四角の中に数字を書きましょう。　　　　　年

②プログラミング教育は、どの公立学校でも必ずやらなければならないのでしょうか。それとも、やらなくてもいいのでしょうか。（　）の中に○をつけましょう。

（　）どの公立学校でも、必ずやらなければならない。
（　）どの公立学校でも、できればやったほうがいい。
（　）各学校ごとに判断できるので、やらなくてもいい。

③プログラミング教育を行わなければならない「法的な根拠」はあるのでしょうか。どちらか選んで（　）の中に○をつけましょう。

（　）「法的な根拠」は、ある　　　（　）「法的な根拠」は、ない

④「プログラミング教育」とは、どんな教育でしょうか。定義してみましょう。

-1-

■Q1の解説■

プログラミング教育は、公立学校で2020年から必修化されます。

平成28年4月19日、総理大臣官邸で第26回産業競争力会議が開催されました。会議の中で総理から次のような発表がありました。「(前略)日本の若者には、第四次産業革命の時代を生き抜き、主導していってほしい。このため、初等中等教育からプログラミング教育を必修化します。一人一人の習熟度に合わせて学習を支援できるようITを徹底活用します。(後略)」

※ 首相官邸HPより文面を引用 http://www.kantei.go.jp/jp/97_abe/actions/201604/19sangyo_kyosoryoku_kaigi.html

2020年度から施行される、新学習指導要領に明記されます。

「総則」をはじめ、計5箇所に「プログラミング」という言葉が出てきます。

(3) 第2の2の(1)に示す情報活用能力の育成を図るため、各学校において、コンピュータや情報通信ネットワークなどの情報手段を活用するために必要な環境を整え、これらを適切に活用した学習活動の充実を図ること。また、各種の統計資料や新聞、視聴覚教材や教育機器などの教材・教具の適切な活用を図ること。

あわせて、各教科等の特質に応じて、次の学習活動を計画的に実施すること。

ア 児童がコンピュータで文字を入力するなどの学習の基盤として必要となる情報手段の基本的な操作を習得するための学習活動

イ 児童がプログラミングを体験しながら、コンピュータに意図した処理を行わせるために必要な論理的思考力を身に付けるための学習活動

文部科学省では「プログラミング教育」を、次のように定義しています。

※「平成28年6月28日 教育課程部会 教育課程企画特別部会 参考資料2」より引用

プログラミング教育とは

子供たちに、コンピュータに意図した処理を行うように指示することができるということを体験させながら、将来どのような職業に就くとしても、時代を超えて普遍的に求められる力としての「プログラミング的思考」などを育成するもの

プログラミング的思考とは

自分が意図する一連の活動を実現するために、どのような動きの組合せが必要であり、一つ一つの動きに対応した記号を、どのように組み合わせたらいいのか、記号の組合せをどのように改善していけば、より意図した活動に近づくのか、といったことを論理的に考えていく力

Q2 「プログラミング的思考」の育成に必要な条件は何ですか。

①「プログラミング教育」「プログラミング的思考」などの定義は、教育課程企画特別部会の議論の中で出てきました。議論の中心は「2030年の社会と子供たちの未来」でした。

「あと10～20年で消えそうな仕事と消える確率」という資料です。
この中で、一番消えそうな仕事がどれですか。仕事の名前と理由を簡単に書きましょう。

一番消えそうな仕事は（　　　　　）です。

なぜなら、

「あと10～20年で消えそうな仕事と消える確率」という資料は、さまざまな研究者が予測しています。この先、十数年でコンピュータの性能は一気にあがり多くの仕事はコンピュータがすると予測しています。

■Q2-①の解説■

<u>コンピュータやロボットに仕事が奪われる可能性があります。</u>

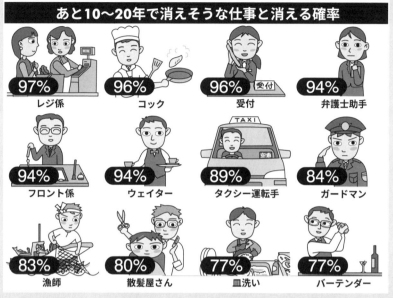

「<u>子供たちの65％は将来、今は存在していない職業に就く</u>」という予測（キャシー・デビッドソン教授）や、「<u>今後10年~20年程度で、半数近くの仕事が自動化される可能性が高い</u>」という予測（マイケル・オズボーン教授）などがあります。

また、「<u>2045年には人工知能（AI）が人類を越える『シンギュラリティ』に到達する</u>」という指摘もあります。

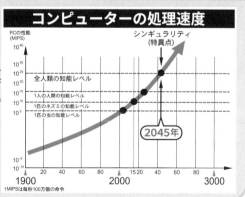

②「あと10〜20年では『消えそうにない仕事』」という資料です。下の資料のシルエットはそれぞれどんな職業でしょうか。番号ごとに、仕事の名前を予想してみましょう。

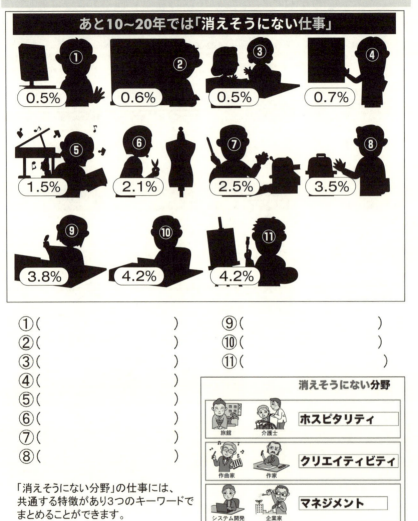

① (　　　　　　　　　)　　⑨ (　　　　　　　　　)
② (　　　　　　　　　)　　⑩ (　　　　　　　　　)
③ (　　　　　　　　　)　　⑪ (　　　　　　　　　)
④ (　　　　　　　　　)
⑤ (　　　　　　　　　)
⑥ (　　　　　　　　　)
⑦ (　　　　　　　　　)
⑧ (　　　　　　　　　)

「消えそうにない分野」の仕事には、共通する特徴があり3つのキーワードでまとめることができます。

第一に「ホスピタリティ」　第二に「クリエイティビティ」　第三に「マネジメント」です。

■Q2-②の解説■

AI(人工知能)が発達しても、奪われない仕事もあります。

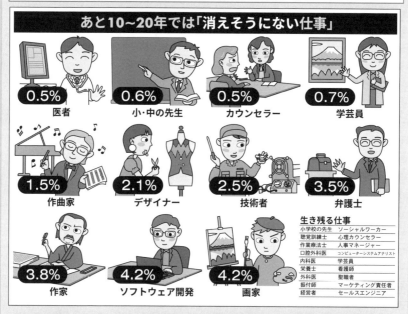

現在の子供たちが生きていく「2030年の未来」は、まさにAI(人工知能)が発達した新しい社会です。「第四次産業革命」の時代と言われており、社会全体の仕組みが大きく変わると多くの研究者が予測しています。コンピュータが高度に発展した社会で、人工知能に仕事を奪われることなく「人工知能とうまくつきあえる、使いこなせる」ために必要な能力が<u>プログラミング的思考</u>です。それを育成する教育が「プログラミング教育」です。パソコンスキルを教えるというものではありません。

基本技術を取り入れた国が世界をリードする

汎用目的技術 General Purpose Technology

シンギュラリティは象徴としてのキーワードであり、いずれにせよ今後10~20年で巨大な変化が起こる。30年程度の間には、子供たちの生きていく環境は、全く変わったものとなる。そのひとつがプログラミング学習。

産業革命	時期	技術(GPT)	変化	リード国
第1次	18世紀	蒸気機関	肉体労働を代替	🇬🇧
第2次	19世紀	ディーゼル機関	肉体労働を代替	🇺🇸
第3次	20世紀	インターネット 情報	知識労働を代替	🇺🇸
第4次	21世紀	汎用人工知能	知識労働を代替	?

第2章 どう始めるか!プログラミング学習

Q3 具体的に、どのような方法で教えればいいのですか。

「プログラミング的思考」を育成するのに、わかりやすいのが「ビジュアルプログラミング言語ツール」とセットにして教える方法です。紹介しているものは、どれも無料で使えます。

ビジュアルプログラミング言語ツール
- scratch
- Viscuit
- プログラミン
- MOONBlock
- GoogleBlockly
- 俺様プログラマー
- アルゴロジック
- lightbot

特別活動や教室で授業など、学校や子供の実態にあわせて行うことができます。

パソコンクラブ23名（4〜6年生）への実践（兵庫県姫路市立城乾小学校）

A. PCクラブ45分間の指導の流れ（基本型）
- 活動1（5分）：パソコンの準備、出席確認
- 活動2（5分）：本時で使うツールの一斉指導
- 活動3（15分）：各自で課題にチャレンジ
- 活動4（5分）：課題の解説、情報のシェア
- 活動5（10分）：自由時間
- 活動6（5分）：学びの発表、連絡、後片付け

B. 実践したビジュアルプログラミング言語
- 7月11日　①スクラッチ
- 9月13日　②プログラミン
- 9月26日　③ビスケット
- 10月17日　④ムーンブロック
- 10月31日　⑤ライトボット
- 11月28日　⑥Googleブロックリー

児童の感想「2学期で、一気に5つのプログラミングゲームをやってきました。ライトボットが好きです。」（4年女児）「今まで作ったゲームは、誰にも負けないゲームです。ぜったいに！」（4年男児）「たくさんのプログラムゲームをやってきたので、知識が増えました。パソコンに強くなることができました。」（6年女児）

特別支援学級4名（3年生1名、5年生2名、6年生1名）への実践（同上）

①最初に、大型ディスプレイにscratchの画面を映し出して、やって見せた。次々と作ってみせることで「自分にもできそうだ」と思わせるようにした。その後、TOSSメディアからダウンロードした「scratch学習テキスト」を使って自学させた。ひとつの課題ができるごとにチェックして褒めていった。基本的な操作を見つけた後は「scratchに触れる時間」をたくさん確保した。一人一台のPCを準備し、いつでも使えるようにした。

②3年生の女児が夢中になり「夏休みの自由研究」としてscratchを選んだ。夏休み中、お母さんと一緒になり「70コンテンツ」を作り上げた。ひとりの子のスキルは、あっという間にクラス全体に波及していった。習得した技術を互いに教えあいスキルアップしていった。Aちゃんは「イラスト担当」Bちゃんは「プログラム担当」Cちゃんは「編集担当」といった形で、それぞれが得意な分野を担当し「分業」で作品を作り出すようになった。12月現在各自がユーザーアカウントを作成し作品をWeb上で公開している。同じ小学生ユーザーとの交流も始まり出した。

▲休み時間に作ってしまったゲーム型scratchコンテンツ

Q4 教科の指導では、どのような指導事例があるのですか。

文部科学省の資料には、各教科でのプログラミング教育の実施例がいくつか提案されています。

【小学校段階におけるプログラミング教育の実施例】

総合的な学習の時間	自分の暮らしとプログラミングとの関係を考え、そのよさに気付く学び	音楽	創作用のICTツールを活用しながら、音の長さや高さの組合せなどを試行錯誤し、音楽をつくる学び
理科	電気製品にはプログラムが活用され条件に応じて動作していることに気付く学び	図画工作	表現しているものを、プログラミングを通じて動かすことにより、新たな発想や構想を生み出す学び
算数	図の作成において、プログラミング的思考と数学的な思考の関係やよさに気付く学び	特別活動	クラブ活動において実施

■Q4の解説■

(1) 必ずしもパソコンを使ってプログラミング教育を行うとは限りません。

「ビジュアルプログラミング言語」をつかうのが分かりやすいですが、パソコンを使わずに教えるタイプの実践もあります。例えば、算数で「筆算のアルゴリズム」や「2進数、10進数」などを教えるのもプログラミング的思考を育てることにつながります。教科や学年にあわせた実践が研究されています。

(2) 身近な事例を取り上げることで、理解がより一層深まります。

自動販売機やロボット掃除機など、身近な生活の中でもコンピュータとプログラミングの働きの恩恵を受けている事例が数多くあります。これらの便利な機械が「魔法の箱」ではなく、プログラミングを通じて人間の意図した処理を行わせることができるものであることを楽しく授業していくことが大切です。

(3) 「チャート図」などを取り上げることも指導に有効です。

どのようなプログラムで動いているのか全体像を考えるために「チャート図」を使うという方法があります。チャート図は書き方が世界共通です。スタート・ゴール・順次処理・分岐処理 などを記号でシンプルに表現できるのが「チャート図」です。子供たちにチャート図の書き方を教えた後、仕組みをチャート図で書き検討するという授業は、まさにプログラミング的思考を育成します。

本日の研修の感想

まねして覚えるプログラミング　http://www.tos-land.net/

制作者　　：　塩谷直大（北海道公立小教諭）
対象学年　：　小3／小4／小5／小6
カテゴリー：　総合的な学習の時間　その他
コンテンツ概要：『プログラミン（文部科学省）』を活用したプログラミング教育コンテンツです。お手本通りにプログラムすることで、順次を覚えることができます。

キーボード入力の能力　1分間あたりに入力できる文字数

「文科省　情報活用能力調査の結果について」に次のデータがあります。
http://www.mext.go.jp/a_menu/shotou/zyouhou/1356188.htm

小学生：　5．9文字／分（10秒に1文字程度のタイピングスピード） 中学生：17．4文字／分（　4秒に1文字程度のタイピングスピード）

　学習指導要領の「総則　(4) 指導計画の作成等に当たって配慮すべき事項」には、キーボード入力について明記されています。大学入試の改変にともない、今後「キーボード入力の能力」はさらに重要視されます。

現行の学習指導要領　→	新学習指導要領
(9)　各教科等の指導に当たっては、児童がコンピュータや情報通信ネットワークなどの情報手段に慣れ親しみ、**コンピュータで文字を入力するなどの基本的な操作や情報モラルを身に付け**、適切に活用できるようにするための学習活動を充実するとともに…（以下、省略）	ア　児童が**コンピュータで文字を入力**するなどの学習の基盤として必要となる情報手段の基本的な操作を習得するための学習活動 イ　児童がプログラミングを体験しながら、コンピュータに意図した処理を行わせるために必要な論理的思考力を身に付けるための学習活動

第 3 章

どこから始めるか？
プログラミング的思考の授業

1 はじめてパソコン室で行う プログラミングの授業

1 キーボード入力は必修のスキル

　小学校のプログラミング教育の手引きというものが発表されました。今年の３月30日です。見たことある人？
　あー，パラパラいらっしゃいますね。
　学校でプログラミングを取り入れるにあたって段階別にこういう段階でやっていけばいいですよというものが発表されました。ABCDEF。
　一番下が学校外でのプログラミングの学習機会。
　つまり，外に出て塾とかでするということですね。
　今から紹介するのはここです。クラブ活動やその他学校の教育課程の中で実施するならどうするかということを紹介しますね。
　１時間目，私の学校ではまずこのようなことをしました。
　ボタンを押します。ロボットが動きますね。
　どうしてですか。隣の人に言ってみてください。
　（ロボットに命令をしたから）
　命令を書いてるからですね
　このような命令をプログラムと言います。言ってみよう，さんはい。
　あそこに矢印が１個ずつありますね。ロボットはどうやって動けばいいかという命令をひとつひとつ細かく細分化していますね。
　このように動きを細分化して考えることをデコンポジションと言います。言ってみよう，さんはい。
　このように動きを細分化して考えることをできるというのはプログラミング能力のひとつなんです。
　こういった考え方はとても大切なんですよ。
　そのことを学ぶのに適したサイトです。
　ライトボット。
　やったことがある人？

これ結構いらっしゃいますね。
私も高学年にやらしてみました。
（実践映像がながれる）
一つひとつ動きを確認しながら進めていますね。
とてもわかりやすいです。
4歳の娘にやらせてみたらできました。
（実践映像が流れる）
こういう感じですね。誰でもできるってことですね。
導入段階ではこのライトボットはぜひおすすめしますね。
さて他にもいろんなこういうサイトがありますので，どれか一つ学校でつながるようでしたらぜひやってみてください。
パソコンクラブで私が45分授業をした時，必ず取り入れた活動0というものがあります。
第一講座の復習ですよ。
その通りですね。
必ずキーボードの入力練習をしました。
これで全員が揃うのを待ちません。
来た子からスイッチを入れて次々始めるんです。
この時におすすめなのがやっぱこれですね。
ゆびまるくん検定。
使ったことある人？
使ったことがありますよね。
初めて見た人？
検定表を押すと文字入力ができるのですね。
9級やってみましょうか。
23秒でした。
これね，何文字を23秒で打てたということが教師が把握できるんです。
子どもたちに毎回毎回これを記録させておくと，その子のキーボードタイピング入力の速度がどれぐらい伸びていったかが個別に全部わかり

ます。
　メタ認知できますね。
　最初のこのページを印刷しておいて子どもたちに渡します。
　10級とか書いているやつね。このページね。
　そこの余白に何秒でできたかを書き込ませていくんです。クリアできたらシールを貼る。いわゆる縄跳び級表みたいな使い方をするととても便利なので，ぜひやってみてください。

　次です。さっきから問題になっているキーボード入力です。
　皆さん１分間に何文字ぐらい打てますか。計ったことないでしょ。
　だいたいどれぐらいか横の人に数字を言ってみてください。
　何文字ぐらい打てそう？
　平間先生は相当打てそうですね。
　勇先生は？
　分かんない。
　予想できない，分からないと言う人？
　自分がどれぐらい打てるか。
　でしょ。だから分からないということは指導できないんです。
　子どもたちにさっきみたいなサイトで教える必要があるんですね。
　さて，そのことを文科省がちゃんと調査しました。
　小学生は，１分間に平均何文字ぐらい打てたと思いますか。
　ひらがなですよ。日本語ね。隣の人に数字を言ってみてください。
　１分間に何文字かですよ。60秒ですね。
　数字だけだから。20，30。20，30が多いね。
　5，9です。１文字書くのに10秒かかるんですよ。
　だからこぼしましたの「こ」を探すのにどうやっているんですか。
　Kどこだっけ，Oどこだっけって，キーボード探しているわけですよ。
　平均ですよこれ。感想を近くの人に言ってみてください。困りましたね。
　ちなみに中学校でもこれぐらいですよ。中学校でも４秒に１文字ぐら

い。
　だからこれからキーボード入力を必ず教えろというのですよね。
　なんでこんなにキーボード入力ができなくなったんですか。
　昔はもうちょっとできていたように思いますよね。
　これ一つの原因はスマホのフリック入力です。ソフトウェア，あの入力が増えた結果こうなったんじゃないかという研究もかなり進んでいますね。
　じゃあ聞いてますよ。
　キーボード入力は必ずできないといけないですよね。
　どこに書いてましたか。隣の人に言ってみてください。
　指導要領の総則だね。次期学習指導要領には書いています。
　じゃあ，現行の指導要領に書いてますか，書いてませんか。
　隣の人に言ってみて。
　書いてると思う人？　書いてないと思う人？
　書いてあります。ちゃんと。
　これも総則に書いてありますよ。コンピュータで文字を入力するなどの基本的な操作や情報モラルを身につけると，ちゃんと書いてあります。
　だから今までやってなかったことも違反なんですね。今に始まったことじゃない。

2　真似して覚えるプログラミング

　2時間目。
　さっきはライトボットでしたが，2時間目におすすめなのは，これです。
　プログラミン。
　これやったことありますか。やったことある人？
　これそのままやらせていいんですけど，これどうやったら効果的にできるか，ちょっと調べてみたんです。
　そうすると今，文科省で「未来の学びコンソーシアム」というのを数

年前から立ち上げています。
　予算なんと5億円です。
　全国各地で実証実験，研究が行われました。
　そして，この度サイトが公開されました。
　これ見たことある人？　何人かいらっしゃいますね。
　ここにプログラミング教育をサポートする教育実践がたくさん載ってるんですよ。
　何コンテンツぐらい入っていると思います？
　総額5億円のプロジェクトです。隣の人に，数字を言ってみてください。
　数字だけだから。（100）じゃあ100ね。100より多いと思う人？
　全国規模でやってますからね。
　正解は15事例です。（※2017年10月末には約50事例あり。）
　私これおかしいなと思ってちゃんと検索しましたけど15しか出てきませんでした。
　そこでTOSSランドだともうちょっとあるかなと思ってね。
　TOSSランドでプログラミングって入れて検索するんですよ。
　コンテンツ出ると思いますか。出るんですよ，ちゃんと。
　そこにいらっしゃる北海道の塩谷先生が作った「真似して覚えるプログラミン」というコンテンツが最近登録されたんです。
　見たことある人？　ないでしょ。こういうやつなんです。
　プログラミンを教えやすくするためにお手本がTOSSランドにアップされています。（TOSSランド　http://www.tos-land.net）
　ちょっと見てみましょうかね。
　TOSSランドのここ（検索窓）を押しますね。
　ここにプログラミンと入れます。検索すると，プログラミン出てきました。
　順次押してみましょうか。
　指導案とともにここにお手本が出てきます。
　順次のプログラミン。準備中，読み込みました。ここにプログラミン

のコンテンツが出てきました。
　再生をしますね。
　はい，犬が動きました。どんな動きしました。
　隣の人に言ってみて。
　それを今から作ってみようということで，このプログラムを編集と押します。
　ログインしないで編集。学校だからね。
　ログインしなくてもこのプログラムは作れます。さっきの犬は一体どうやって動いてたのかな。
　画面に出てきますよ。ほら命令がちゃんと書いてあります。
　これは左にお手本があり，このお手本を右のうさぎさんにそっくりそのまま写していくという勉強なんですよ。
　これ何の教材と同じですか。
　隣の人に言ってみて。
　「うつしまるくん」ですね。（※市販されている国語の視写教材）
　下にお手本があって左の矢印どこにあるかな。みんな指さして。
　あった。ちなみに名前はひだりーんと言いますね。
　この子をここに入れます。
　次にどれ入れるの？　右の矢印だね。名前は？　みぎーんと言うんだね。という風に視写していくんですよ。こういう風にね。
　そして同じ動きになったのかなというのを再生するんです。
　確認できるでしょ。ちょっと足りないなぁ。
　じゃあどこを直したらいいのかなという風に進めていくんですよ。
　これで自由にやらすのと，こういった手本で学んでいくのと全然違うじゃないですか。
　塩谷先生ありがとうございます。
　ぜひこれを使って学校でですね，是非ともライトボットやプログラミンやそういったものを子どもたちに使わせてあげてプログラミング教育，是非学校で進めていただければと思います。
　以上終わります。

2 学習のシステム化から始めよう
　　プロは仕事をシステム化する

いかなる仕事もシステム化されている。歌舞伎，踊り，将棋などは全て優れたシステムが支えている。システムは場所や時間，人に左右されずある一定以上の成果を達成できるものでなければならない。

1 「システム」とは何か

平凡社の「世界大百科事典」には次のように書かれている。

> 〈系〉〈体系〉と訳すこともある。
> （中略）
> 　対象を部分が結合して構成される全体として認識するとき，それをシステムという。
> 　部分を要素といい，要素の結合の仕方をシステムと構造という。
> 　要素をまたシステムと認識すれば，対象を階層構造をもつシステムとして認識することになる。（以下，略）

例えば「計算スキルの指導」がシステムだ。
それから「ノートの書き方」「練習問題の解き方」「教科書チェック」がシステムだ。他にも「難問学習」「赤えんぴつ指導」「1分間フラッシュカード」，これらのひとつひとつがすべてシステムだ。中でも，一番完成度が高いと考えられるシステムは，「計算スキル」「ノートスキル」のように教材として完成されたシステムだ。
システムはパーツに分けられる。
「そのシステムは，いくつのパーツに分けられているのか」ということが説明できる。
「計算スキル」という教材はシステムだ。
　① ページとテスト時間を指定する
　② コースを選ばせる

③ テストをする
④ 答え合わせと点数記入をする
⑤ 残った問題と「早くおわったらやってみよう問題」をする
⑥ できた問題にシールをはる

ひとつひとつの細かいパーツに分けられる。

それぞれのパーツが有機的につながっていて,「まずこれをする」「次にこれをする」「その次にこれをする」という形で,ひとつひとつの順番に意味がある。つまり,パーツがいくつか組み合わさって「ユニット」になっている。このユニットそのものを「システム」と言ってもいいが,細かいユニットの集まりを「システム」と表現することが多い。

問題解決学習の(もしくは少し変化させたタイプ)算数授業映像がYouTubeで公開されている。いくつかの映像を視聴した。

YouTubeで「問題解決学習　算数」を検索。

たまたまヒットした中から県教育庁プロデュースの授業が公開されていたので選択した。

授業者は「システム」という考え方そのものを持っていない,または重視していないように思えた。

① 授業導入のシステム

「はい,じゃあ一緒に読んでみましょう」

一瞬,映像が編集されていることがわかる。

問題文を書いた紙を黒板に貼った後,すぐに読ませているわけではない。教師が何か説明したのだろう。黒板には「今日の学習」や「今日の問題」などが板書してある状態。

質の高いシステムは「指導者が楽になり」「子どもに力がつく」。例えば,「百玉そろばん」や「フラッシュカード」などの教材を使えば子どもたちは一気に授業モードになる。

授業開始1分間で子どもを引きつけるシステムはいくつもある。授業導入のシステムが考えられているとは思えない。

② 教科書の例題指導システム
③ ノート指導のシステム

　教科書を使っていない。そもそも教科書とノートが机の上に出ていない。「学習カード」と書かれたプリントが配布され授業がすすむ。途中から使うのかと思い映像を最後まで見た。が，教科書とノートを使うことはなかった。

　教師が作ったと思えるプリントだった。

　1年間の算数授業で毎時間，自作のプリントを使うのだろうか。映像では3種類の自作プリントを使っている。思いつきの数値や問題配列では話にならない。数値のひとつひとつ，細部にいたるまでロジックを持たなければならない。教科書はそうして作られている。

　小学校1年生から3年生までは，特に教科書を使ってどのように学習していくのかを覚える大事な時期である。初めて教科書を使って学習をする。ページを開く，指示したところを指で押さえる，その部分を写すといった基本的なことから学んでいく。

　これを学ばなければ4年生になっても教科書が開けない。問題を指差すこともできなければ写すこともできない。もちろんノートの書き方も教えられていない。まともに授業に参加できるとは思えない。

　映像で見る限り，教科書やノートの使い方指導のシステムは全く考えられていない。

④ 練習問題指導のシステム

　教科書を使っていないのだから，練習問題を解けるはずがない。授業終了のチャイムがなっても授業は終わらなかった。授業時間が伸びたにもかかわらず，練習問題は全く解いていない。よって，練習問題指導のシステムもないと考えざるを得ない。

　練習問題は全て「宿題」とされているか，あるいは扱っていないかである。もし扱っていないとしたら大問題だ。

　向山型算数は，丸ごと全部「システム」だ。

ひとつひとつの指導パーツが優れている。

教職の経験年数に関係なく，全国各地で次々とドラマが生まれている。

今までテストでずっと5点・10点だった子が100点をとるようになる。「できないと思われていた子が正解し，できると思われていた子が間違う」ような逆転現象がおこることもある。クラスの差別構造が破壊される。

優れたシステムがあり，システムをシェア（共有）する仕組みがなければこうした事実は実現しない。

2 学習の「システム」が組み込まれている教材の見抜き方

学習のシステムが組み込まれた教材を使えば「指導者が楽になり」「子どもに力がつく」。教材の正しい使い方（ユースウェア）がセットになっている教材を採択しよう。

① 学習の「システム」とは何か

例えば「漢字スキルの指導」がシステムだ。

他にも「計算スキルの指導」「五色百人一首の指導」「暗唱の指導」，これらのひとつひとつが全てシステムだ。

中でも，一番完成度が高いと考えられるシステムは，「漢字スキル」や「計算スキル」のように教材として完成されたシステムである。

② 国語の教材選び

> 観点①　筆順が省略されていないか。（漢字ドリルなど）
> 観点②　書き抜き問題がメインになっているか。（テスト，ワークなど）
> 観点③　子どもがシーンとなって取り組めるか。（視写，作文など）

「あかねこ漢字スキル」という教材は学習のシステムが組み込まれている。

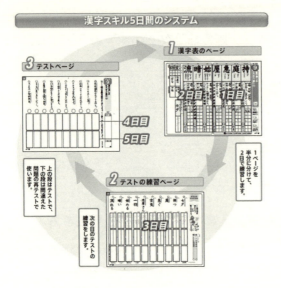

① 指書き
② なぞり書き
③ 写し書き
④ 空書き
⑤ テスト

「全部で５日間」の学習パーツに分けることができる。

それぞれのパーツは有機的につながっていて「まずこれをする」「次にこれをする」「その次にこれをする」という風に，ひとつひとつの順番に意味がある。つまり，パーツがいくつか組み合わさって「ユニット」になっている。

ユニットそのものを「システム」と言ってもいいが，細かいユニットの集りを「システム」と表現することが多い。

漢字の学習教材を選ぶ時に「かわいい表紙」や「キャラクター」に惑わされてはいけない。

中身も見ないで教材を採択すれば１年間苦労する。漢字の読み書きは国語の基本だ。

「たくさん練習できるかどうか」も特に重要な観点ではない。少ない練習量でも漢字は書けるようになるからだ。

大切なことは「筆順」を唱えながら繰り返し書くということである。

編集上の都合で筆順が一部「省略」されている教材がある。漢字が苦手な子はすぐにわからなくなってしまう。

画数が多い漢字でも筆順を１画ずつ書いている教材を選ぶのが大切だ。

国語のテストは「書き抜き」問題がいい。

答えを書く欄が「括弧」になっていると子どもはずらずらと長く書いてしまう。マスを埋める「書き抜き」問題ならば答えが明確になる。
　正確に読む，文を正確に書くというのも国語の基本だ。テストをしながら基本を学ぶことができる。これも学習のシステムだ。
　印象ではなく中身を検討するのが教師の仕事だ。印象で選ぶならば素人でもできる。

③　算数の教材選び

> 観点①　直接書き込んで問題を解けるか。（ゆったりとしたスペース）
> 観点②　答え合わせまでを授業時間内に完結できるか。
> 観点③　時間差に対応できるか。

　教科書の問題は全て授業中に解く。
　算数の授業で大切なポイントだ。
　その上で，教科書以外の教材を使うことになる。「やりのこした問題を宿題にする」，さらに「採択した教材も宿題として出す」というのは教材選びの観点以前の問題だ。
　教材に書いてある問題を「ノートに写して解く」というタイプの教材がある。
　教材があるのになぜわざわざノートに写して解く必要があるのかと子どもが言う。全くその通りだ。
　問題数を増やしてしまったので書き込むスペースがなくなったという「大人の事情」だ。
　書き込めるように編集されている教材は，問題を取捨選択し「子どもが解きやすいように」レイアウトを調整している。
　問題数が少なくなるのだから，ひとつひとつの数値や問題配列にいたるまで研究しなくてはならない。細部までこだわった教材の中身を見抜き採択したい。
　また，問題を解くのが早い子もいれば遅い子もいる。そのような時間

差に対応できる教材を採択するのがいい。個々の能力にあった問題数や課題を選択できる教材が理想的だ。

④ 理科・社会の教材選び

> 観点①　資料の読み取り方，調べ方やまとめ方など「学習の方法」を学べるか。
> 観点②　短い時間で毎時間繰り返し使えるか。
> 観点③　カラー印刷でビジュアルなものか。

　写真や資料が豊富に掲載されているだけではなく「活用方法」まで紹介されているものがいい。課題の設定からまとめ方まで「学習の方法」が具体的に示されているものがいい。正進社の「社会科資料集」や「理科ノート」は，このような観点が意識されていてとても使いやすい。
　重要な用語や記号，都道府県名や歴史人物名など「暗記」しなければならない内容もある。フラッシュカードのように授業の導入1分間で繰り返し使える教材もいい。

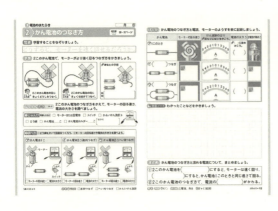

3 オススメはナビゲーション付きのサイト活用

　プログラミング教育でよく紹介されているサイトは「Scratch（スクラッチ）」だろう。

　書籍やホームページを見ると，ネコのキャラクターを動かしながら楽しそうにパソコンを操作している子どもたちの写真がある。

　「よし，Scratchでプログラミングの授業をやってみよう。」と思い子どもたちをパソコン室へ連れていく。

　パソコンを立ち上げ，マウスを持って子どもたちはワクワクしながら先生の指示を待つ。

　教師が子どもたちに説明をする。

　「今日は，Scratchを使ってプログラミングの勉強をします」

　そう言ったとたん，子どもたちは歓声をあげてパソコンを操作しはじめる。

　書籍やホームページで見た場面と同じ姿が見られるだろう。

　だが，それから教師のてんてこ舞いが始まる。

　子どもたちから個別の質問が次々に出てくる。

　「先生，クリックしても動きません」

　「先生，ネコじゃないキャラクターを出してもいいですか」

　「先生，どこからブロックを探したらいいですか」

　一人の質問に答えて対応しているうちに，他の子どもたちが騒ぎ始める。

　あれこれの質問に追われ，てんてこ舞いになる。

　パソコン室を動き回っているうちに授業が終わる。

　これはどこが悪いのだろうか。

　子どもがバラバラに活動し，パソコン教室が騒然となる原因は教師にある。

　教師が「マネジメントする方法」を知らないからいけないのである。

　例えば，パソコンを操作させる前に次のようなマネジメントが必要だ

1　何をするのか端的に説明せよ。
2　どれだけやるのか具体的に示せ。
3　終わったら何をするのか指示せよ。
4　質問は一通り説明してから受けよ。
5　個別の場面をとりあげほめよ。

　これは，向山洋一氏が提唱している「**子どもを動かす法則**（5つの補足）」である。これを使いこなせなければ，どんなにパソコンスキルが高い教師でも騒然とした状態になってしまう。
　が，すぐに身につけることは難しいだろう。
　そこで役立つのが「ナビゲーション付きのサイト」である。
「Hour of Code（アワーオブコード）」や「lightbot（ライトボット）」などがそうだ。子どもたち一人一人のレベルに合わせて，一定の課題をクリアするまでナビゲートしてくれる。
　個別の質問に答えて対応する必要が，ほとんどないと言っていい。
　では，教師は何をするのか。
教師は「驚いているだけ」でいい。
　子どもたちを見回りながら「すごい！」「もうクリアしたの！」と，驚いているだけで子どもたちの熱中度が高まっていく。

4　難しいテーマも低学年の子どもたちに分かる基本構造で示せ

　原理をシンプルに示す。「物事の原理を基本的な構造で示す」「思考場面を作業指示によって作る」これによって熱中する授業展開が可能になる。

① **物事の原理を基本的な構造で示す**
　「信託」という難しいテーマを小学生に授業する以上，いかにわかりやすく授業するかがポイントとなる。
　産業教育シンポジウムの講師である谷和樹氏（玉川大学教職大学院教授）。

谷氏の金融教育模擬授業では，小学生にでも簡単にわかるような「基本型」が登場する。
　「信託」をテーマにした模擬授業では，下図のような基本型を示し授業がすすんだ。授業の第一声は次のようであった。

> 「人は，誰かとつながってくらしています。誰かを信じて，何かをまかせて。そうすることによって，自分の願いが実現する。ということもあるんですね。」

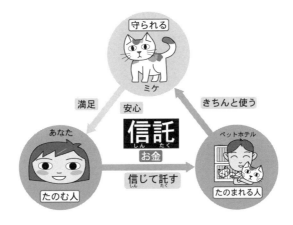

　「信じて託す」つまり「信託」ということを，小学生にもわかる形で，一言で言い切っている。
　信託の原理的な部分と構造をかみくだいて解説している。
　この基本型となる三角形が，授業の中で繰り返し登場する。
　どの実例にもあてはめることができる。
　まさに，原理を明確に表現した基本型である。
　谷氏の授業では，「変化のある繰り返しで基本型を活用する場面」がよく見られる。
　事例を変えて，時には極端な事例をもあつかうことで，子どもたちは原理をしっかりつかむことができるのである。

1回教えただけでは，知識は定着しないのだ。
　子ども用の「産業教育テキスト」の改定にあたり，現在では次のような基本型を示し授業すると効果的である。

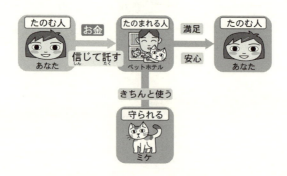

② 基本型を「変化のある繰り返し」で検証する

　子どもは作業することによって思考する。谷氏は「信託」の模擬授業の中でも，多くの作業を取り入れていた。「信託」の基本型をあつかい次のような活動をさせることで子どもが熱中する。

例① 基本型を「操作させる」

　「この図の中に入れるとしたら，『みんなのお金』はどこに入るのですか？　前に行って，『みんなのお金』を『守られる』のところに入れてみて下さい」（次ページの図参照）
　ただ基本型を見せるだけではなく「操作」させる。子どもたちが画面にふれ（電子黒板やタブレット），操作する活動である。教室でするとどの子もやりたがる。友達の操作活動を見ながら，自分も考える。

例② 基本型を「ノートに写させる」

　基本型をノートに写すことで，さらに思考する。また，ノートに書くという作業は「個別の活動」である。一人でできるということだ。一人でノートに書くことができて，はじめて基本型を覚えたと言える。

例③ 「むずかしい事例」にあてはめる

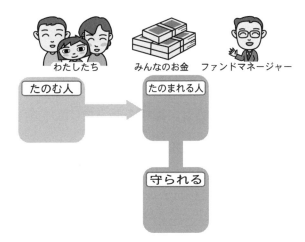

　「むずかしい事例」「正反対の事例」なども基本型にあてはまるかどうか授業する。こうすることで多くの子どもたちは納得する。「本当にそうなのか？」という疑問が解消される。
　より複雑な事例も，自分の力で解いていけるようになる。

例④　基本型を「討論する」

　信託の基本型を示し「いちばん責任が重いのは誰か」を問う。子どもたちの意見が分かれ討論へと発展する。これまでに学習してきた内容を

出力して活用していく場面だと言える。

3 「年表」で全体の枠組みをとらえる

1 誰もが知っている年表は，編集の仕方で特徴が変化する

　年表は，編集工学でいう「編集用法」のひとつだ。社会科の教科書や資料集で，よく目にする。誰もが知っているが，これほど編集の仕方によって特徴が変化する方法もない。

　年表をつくるには，次のような編集作業をともなう。

> ①　たくさんの資料を集める。（収集）
> ②　資料から，情報を取り出す。（列挙）
> ③　それらをグルーピングする。（分類）
> ④　分類したものを，年代順やフレーム別にあてはめる。（整理・図化）

　こうした作業の中で，莫大な量の情報が枠組みをもっていくのである。

　ところが，これをパソコンで整理しようとしたとたん表組（エクセルのような表現）になってしまう。すべての情報がフラットな縦横軸に，ずらっと並べただけになる。

　そんな表現を少しでも打破し，思考の過程が浮かびあがるようにまとめてみようと考えた（※この時のテーマは「発達障害の子どもへの対応」であった）。

　まず，縦軸と横軸を書いた。

　縦は「研究の視点」，横は「年齢」にした。

　次に，検査の内容やチェックポイントなどの数を確定し「箇条書き」にした。

　箇条書きしたものを枠で囲み「小見出し」をつけた。

　そして，できあがったパーツを年表のフレームにあわせて配置した。

関係性は矢印で表示した。

最後に,概要や主張を書き足していった。

2 自分なりの枠組みにまとめてみる

授業の前には「見取り図」を書き出し,情報を整理する。

2010年10月,尖閣諸島沖で事件が起こった。衝突事件のビデオが流出され,メディアでも大きく取り上げられた。

このような事件が起こったときに,すぐに授業にかけたくなるが,特に公立学校の教師の場合は「禁欲」すべきだと私は思う。

ただ,尖閣諸島が日本固有の領土であることは,外務省の公式見解として発表されている。学習指導要領にも「我が国の領土」を指導することが明記されている。

資料による事実をきちんとふまえ,日本固有の領土について授業する必要がある。

今から13年前,グーグルアースを活用して「北方領土の授業」を行った。追試である。

原実践は向山洋一氏。1998年4月,京都リサーチパークでの授業だ。

先行実践として谷和樹氏の授業がある。

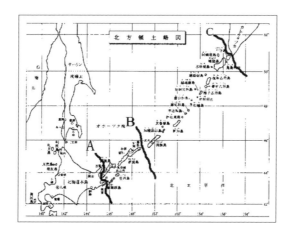

TOSSランドから検索するとヒットする。
　小学校レベルの社会科で扱う具体的な授業プランが掲載されている。必要な資料もそのままリンクしているので，すぐに追試できる。
　さて，前ページに「北方領土」の地図を掲載した。
　どこまでが日本の領土なのか。日本の見解は「B」だ。
　ロシアの見解は「A」だ。しかし，これまでの歴史的な経緯や資料等を読む限り「C」だと強く主張する人もいる。一貫してこの主張を曲げていないのは「日本共産党」だ。党のホームページにも公開されている。北方領土に対する国内の世論としては，少なくとも「B」までと言える。

第 4 章

国語・社会科で
プログラミングの具体例

国語でプログラミング的思考を育てる読解力の指導がカギ

1 非連続型テキストの読解力向上から始めよう――グラフの読み取りの定石「3つ」「2つ」「5つ」を身につけよう

「非連続型テキスト」とは何か。
すでにご存知の方も多いだろう。
念のため確認しておきたいと思う。
テキストには2つのタイプがある。

① 連続型テキスト
② 非連続型テキスト

「連続型テキスト」とは，文章で表されたもの（物語，解説，記録など）だ。従来の国語の教科書は，ほぼ「連続型テキスト」で構成されていた。

これに対して「非連続型テキスト」とは，データを視覚的に表現したもの（写真，イラスト・絵，地図，図解，アイコン，チャート，グラフ，表）などだ。現行の国語の教科書には，このような「非連続型テキスト」の読解をねらいとした単元がいくつか入っている。

きっかけとなったのは，OECDの国際学力調査（PISA）だ。

PISAにおける「読解力」，いわゆる「PISA型読解力」は次のように定義されている。

　自らの目標を達成し，自らの知識と可能性を発達させ，効果的に社会に参加するために，書かれたテキストを理解し，利用し，熟考する能力。

この定義の中に書かれている「テキスト」が，前述した2つのタイプのテキストだ。実際に，PISAの調査問題には図やグラフなどの「非連

続型テキスト」を使った問題が登場している。

　PISA調査の結果をうけて実施された日本の「全国学力調査」には，「非連続型テキスト」を使った問題が毎年出されている。
　例えば，2013年度の「小学校国語A」に次のような資料が出されている。
　グラフから情報を読み取って答える問題である。一見すると「社会科」の問題ではないかと思えてしまう。
　同じように表やグラフなどから情報を読み取って答える問題は中学校でも出されている。「国語B問題」には読み取った情報を分析して自分の考えを記述する問題も多い。
　このような「非連続型テキスト」の読解力を身につけるためには，どのような指導が必要なのだろうか。
　いくつかのステップに分けて紹介する。

　表やグラフなどの統計資料の読み取りには定石がある。
　社会科の授業でよく見る実践だ。（原実践：向山洋一氏）

【資料】

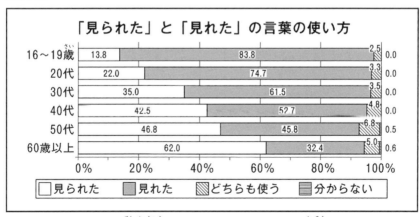

（文化庁『平成22年度国語に関する世論調査』による。）

例えば「グラフの読み取り」の場合は，次のような授業展開になる。
はじめに，3つの情報を読み取る。

| 発問1　このグラフのタイトル（表題）は何ですか。 |

| 発問2　このグラフの出典は何ですか。 |

| 発問3　このグラフの年度はいつですか。 |

　この3つはグラフの基本的な情報である。これらが書かれていないグラフは，あまり良い資料とは言えない。
　学年やクラスの実態に合わせて，「どこに書いてあるのか指で押さえなさい」と確認するのも効果的だ。
　次に，2つの情報を読み取る。

| 発問4　縦軸は何を表していますか。 |

| 発問5　横軸は何を表していますか。 |

　縦軸と横軸の情報は，タイトルを正確に読み取れればほぼ確定できる。
　念のために，それぞれの軸の「単位」を確認するのも大切だ。
　さらに，5つの傾向を読み取る。

| 発問6　このグラフの傾向は「だんだん上がる」「だんだん下がる」「突然上がる」「突然下がる」「変化なし」のどれですか。 |

　ここまでに紹介した「3つ」「2つ」「5つ」は，グラフの読み取りで

最も基本的なことである。

　国語の授業であっても，社会科で使う発問を追試することをおすすめする。

2　変化の傾向を読み取る—非連続型テキストを読解する

　非連続型テキストの読解指導についていくつかの授業展開例（発問や指示など）を書いてきた。

　実際の授業の様子を取り上げ，より具体的な実践方法を紹介する。

　2012年度，小学4年生を担任していたときの学級通信の一部を引用する。

　社会科の授業で非連続型テキスト（表）の読み取りを行った様子が書かれている。

◇学級通信「ダイジェスト42」19号

〈社会科・消防しょへ行こう〉

　社会科の副読本（姫路市教育委員会作成）に次のような資料があります。

※ 紙面の都合上，平成18年～20年のデータは省略しました。

　社会科の授業では，このような資料から情報を読み取るということが極めて大切です。グラフ，写真，表，図などの読み取りを4月から行っています。

◇　この資料を使って，基本的な情報を読み取った後，次のように授業しました。

(2) 火事の種類と件数

1年間の火事件数	平成21年	平成22年
火事の種類	269件	255件
建物の火事	131件	141件
林野の火事	8件	10件
自動車の火事	28件	29件
船舶の火事	1件	1件
航空機の火事	0件	0件
その他の火事	101件	74件

火事による損害額	平成21年	平成22年
	4億1843万円	10億1922万円

※前述の資料を許が編集した

> 　平成21年度と22年度の，姫路の火事の件数を比べると，22年度にかけてへっています。ところが，火事による被害損害は「4億円」から「10億円」にふえています。これはなぜでしょうか。

◇　子どもたちらしい意見が次々と発表されました。

Sさん「22年度は，お金持ちの家でたくさん火事がおきた。21年度は，ふつうの家でたくさん火事がおきた。だから6億円もふえたと思います。」

Tさん「たぶん，保険に入っていないものがたくさん火事になって，それで被害総額がふえたのだと思います。」

Hさん「上の火事の原因のグラフ（表）をみると全体の件数はへっているけど，建物の火事は10件ふえています。そのふえた建物がものすごく値段の高いものだったと思います。」

◇　ひとり発表するたびに，大爆笑でした。おもしろく，するどい予想です。Hさんの意見は資料を参考にしていました。思い付きではなく，証拠となる資料をしめしていました。このように，資料から情報をよみとって，原因と結果をむすびつけるというのが社会科で身につける大事な力です。Hさんの発表を聞いて，男の子たちも資料を見るようになりました。

Yさん「さっきのHさんが言ったみたいに，車の火事もふえています。だから高級車が燃えたんだと思います。」

Mさん「ジャガーとかポルシェとか，高い車が燃えたからそれで弁償しなければならないから，だと思います。」

　これもおもしろい意見です。

「あ，わかった。運転手つきのお金持ちの車が燃えたんや。テレビで見たことある！」という意見をいう子も何人かいました。
　自分の持っている知識をつかって，次々と予想をたてていました。

そこで,
「銀行が燃えたんちゃう？ 銀行の金庫にお金があるから,それが燃えた。」
という声があがりました。
　すると,すかさずFさんが反論。

Fさん「銀行は燃えるけど,金庫は燃えないようになってると思います。燃えないような頑丈な鉄とかで出来ていると思います。」

◇　4年生らしい意見が次々と出ました。このような問いをもって消防署見学に行くと,新しい発見が次々とあります。今回ははじめてなので,教師がリードして質問を考えました。次回からは,子ども達が調べ学習をして,質問や調べたいことなどを見つけていきます。

（以下,省略）

　ひとつの非連続型テキストから情報を読み取り,自分の意見をそれぞれ発表している。授業はこの後,調べ学習へと展開していく。
　実際の授業では使わなかったが,次の資料も用意していた。損害額を「棒グラフ」に変換した資料である。棒グラフにして見ると変化の傾向が際立つ。

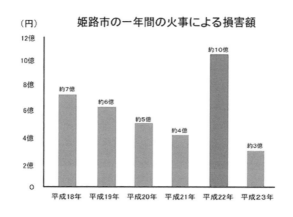

3 国語デジタル教科書への対応

① 基本原理は「子どもが持つ」「子どもが使う」ということだ

デジタル教科書の活用法は大きく2つある。

> 第一に，教師がデジタル教科書を使う。
> 第二に，子どもがデジタル教科書を使う。

それぞれに研究の方向性はちがってくる。

まず，「教師がデジタル教科書を使う」場合を考えてみる。
　教科書の各ページに対応した形で，デジタル教科書が発売されている。
　「CD」や「DVD」タイプが一般的だ。
　近い将来，全てオンラインにアップされ，教室からアクセスし，使うようになるだろう。
　このような授業スタイルに欠かせないのが「電子黒板」だ。電子黒板を使えば，教師と子どもたちと向かい合った状態で，いわば「対面型」で授業を展開できる。使いこなせれば授業が激変する。文科省も推奨している。

> 「教育の情報化に関する手引き」
> http://www.mext.go.jp/a_menu/shotou/zyouhou/1259413.htm

ICT 教育について，重要な内容がたくさん含まれている。ぜひ読んでいただきたい。

次に，「子どもがデジタル教科書を使う」場合を考えてみる。2020年には，全ての子どもたちがデジタル教科書を持つ予定だ。
　DiTT（デジタル教科書教材協議会）は，次のような「デジタル教科

書が備えるべき 10 の条件」を提言している。

> ① 小学1年生が持ち運べるほど軽く，濡らしても，落としても壊れにくい。
> ② タッチパネル。
> ③ 8ポイントの文字がしっかり読めて，カラー動画と音楽が楽しめる。
> ④ 無線でインターネットにアクセスできる。
> ⑤ 学年別に全ての教科書が納まる。
> ⑥ 作文，計算，お絵かき，動画制作，作曲・演奏ができる。
> ⑦ 学校でも家庭でも使える。
> ⑧ 学校でも家庭でも手に入れやすい価格。
> ⑨ 電池が長持ちする。
> ⑩ セキュリティ・プライバシー面で安心して使える。

今のところ「iPad」や「GALAXY Tab」などがイメージに近い。「子どもが持つ」「子どもが使う」というのが基本原理なのである。

② 必要なアプリはこれだ

デジタル教科書を子どもたちが持つ時，どのようなアプリが必要なのか。

TOSSランドのように，「教師の視点」「子どもの視点」でカスタマイズされたものが一番いい。

そこで，私もアプリを作ってみた。

iPadでURLへアクセスすると使える。

> ■ iPad版　しりとりチャレラン
> http://jyongman.fc2web.com/iPadDemo7.htm

原実践は，伊藤亮介氏の「ペーパーチャレラン」だ（TOSSランド No.5100019）。

iPadの特性と，子どもの操作性を意識して原実践を修正した。内容

の詳細は割愛する。(詳しくはp56へ。)

1　ルールの説明文を短くした。
2　タイトル横に「注意書き」を付けた。
3　最高点を，25点まで拡大した。
4　①②…の番号を1点2点…に修正。
5　しりとりの単語を，画面下半分に移動。
6　イラストをカットした。
7　あ行，か行などの見出しをカットした。
8　単語を「カード型」にし色で分類した。
9　進む方向がわかるよう矢印をつけた。

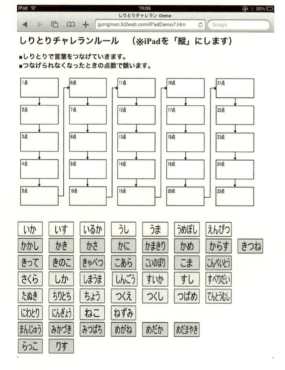

「iPad版 しりとりチャレラン」は，指先でアプリを操作する。iPadを囲んで，子どもたちが「ふれあう」場面をイメージして作った。

長崎県公立小のK・H先生が，iPadを複数台つかい，このアプリを教室で実践してくれた。

操作が簡単で，その結果，ほとんど説明することなく子どもたちが熱中したという。

2 社会科でプログラミング的思考を育てる

1 AR（拡張現実）を教材化するねらい

　最近「クラウド」という言葉をよく聞く。インターネットなどで検索してみるといい。
　いくらでもヒットする。一般企業では，最も注目されているキーワードのひとつである。社内で研修会を企画したり，セミナーに行って学んだりする人も多いという。
　そもそも「クラウド」とは何か。
　直訳すると「雲（cloud）」だ。
　インターネットをイラストで描き表す際に，多くの人が「雲」で表現してきたことから，「クラウド・コンピューティング」という言葉が使われるようになったという説が強い。
　「クラウド」は，様々な情報がインターネット上に集まり，誰でも・いつでも・どこでも・一瞬で手に入れることができるというものだ。
　例えば，「医療クラウド」。
　町の小さな病院でも，都会の大きな病院でも，同じように情報を取り出せる。病院をかえる度に，いちから診察するようなことがなくなる。どこの病院でも情報を取り出せる。
　例えば「教育クラウド」。
　地域を越えた学習，教科を超えた学習，学年を超えた学習が可能になる。情報を子どもたちが自由にカスタマイズし活用できる。インターネットを通じて，教室と世界がつながる。
　そのひとつが「デジタル教科書」という形だ。

　今，社会全体の構造が大きく変化しようとしている。「クラウド・コンピューティング」を好意的にとらえる人もいれば，デメリットを取り上げ反対する人もいる。
　いずれにしても，社会科の教師はこのようなことに無関心ではいけな

iPhone 等

AR（拡張現実）の社会科教育の分野への活用①

「セカイカメラ」に代表されるAR技術は、誰もが手軽に使える技術になりはじめた。教師と子ども達が、授業の中で活用することでよりダイナミックな社会科授業が可能になる。子どもでも作れるのが魅力である。

今後の「スマートフォン」や「クラウド」の普及でより身近で便利なものになる。

2010年代　様々な分野で実用化
※左ページの図を参照

1990年代　ハリウッド映画「ターミネーター」「ロボコップ」などで登場し、注目をあつめた。ロボットの目にARの技術を活用し、見たもの全てに情報が付け加えられて表示されるというもの。

『GoogleSketchup』と『AR-media』、2つのフリーソフトを活用することで、子どもでも簡単にAR作品を作ることができる。

1980年代　日本のアニメ「ドラゴンボール」などで登場し注目をあつめた。ARを活用したメガネのような道具をつかって人物のまわりに情報を浮かび上がらせて見られるというもの。

例えば、<u>飛び出す社会科資料集</u>
世界遺産や国宝など、歴史的な建造物を調べるページを開くと本物そっくりなARが飛び出す。

例えば、<u>飛び出す地図帳、地形図</u>
等高線などをビジュアルに学習できる。
自由に操作でき地形を直感的にとらえられる。

1960年代から研究

い。情報を集め、どのようなことを子どもたちに教えていくのか、様々に試みる必要がある。せめて、ごく基本的なことを、できれば楽しく教えておきたいものである。幸い、大阪のセミナーで「クラウド」について授業できる機会をいただいた。そこで、次のような問題意識で授業をつくることにした。

① 単に「デジタル教科書」や「iPad等」の紹介で終わるのではなく、テーマを絞り込み、質を高めること。
② 抽象的ではなく、具体的な事例（身近な事例）をとりあげること。
③ 小学校高学年でも楽しく理解できること。

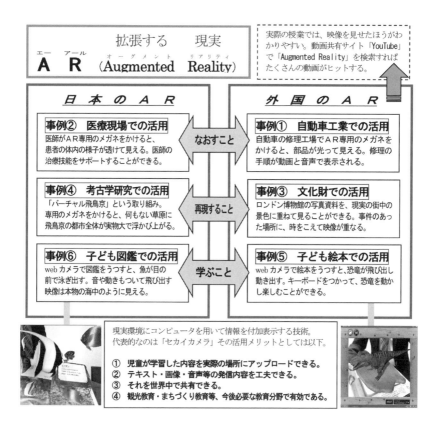

　私は,「AR（拡張現実）」というテーマに絞り込んだ。「クラウド」では, テーマが巨大すぎる。「デジタル教科書」でも, まだ大きい。その中の「AR」という技術に焦点をあてた。

　このテーマについて, 講義するのでは意味がない。子どもたちが熱中する授業の形に変換しなければならない。

　どうするか。

　私は上記の構造図のように, 知識をまとめた。関係する知識を集め, その中からいくつかをピックアップした。

　日本と外国という形で分類し, その関係性を「キーワード」でつなげてみた。画面に映し出した図が, 子どものノートにも同じように完成し

ていくように授業を組み立てた。

　調べたことを書き出す過程で，何度となく「分類」という作業を行っていた。分類することで，ばらばらに調べた知識が「枠組み」を持っていく。

　今回の授業であつかった AR は，「クラウド・コンピューティング」のほんの一部に過ぎない。教育クラウドは，まだまだ新しい可能性を秘めている。まずは，全体を構造化したい。

2　AR の技術―どこでどう使われているか

　「クラウド・コンピューティングと iPad 等を活用した授業」について提案できる機会をいただいた。授業の概要を紹介する。

　次の画面を提示する（画面省略）。

日本のアニメです。
「電脳コイル」と言います。
見たことがある人？　はじめて見た人？

　発問に続いて，それぞれのキャラクターの「メガネ」をピックアップして表示する。メガネをかけていることを確認し，その機能の一部を見せる。
　「電脳メガネ」という。
　メガネをかけた時だけ，目の前に文字や絵などの情報が浮かんで見えることを説明する。

　このようなメガネは，アニメの中だけの話なのでしょうか。それとも，実際にあるのでしょうか。

　「ある」「ない」を予想で挙手させる。
　すぐに「あります」と答え，事例を見せる。

> 　BMWという自動車です。この車を修理している工場では，実際に「電脳メガネ」が使われています。映像で見てみましょう。

　YouTubeにアクセスして映像を見せる。ここまで，テンポよく進める。
　子どもたちに内部情報がなければ答えようがない。すぐに答えを教えて次へと進む。
　「電脳メガネ」が使われている映像に，子どもたちは驚く。続いて，日本にもあるのかを問う。
　子どもたちの予想を聞いて，答えを教える。

> 　日本にもあります。大学病院などで研究されています。お医者さんが「メガネ」をかけて，患者さんの体を見ると透けて見えるのです。

　これも映像を見せた。
　アニメの中だけの技術だと思っていたことが，実際に使われているのだ。

> 　目の前にある現実に，情報をつけたすことで，よりわかりやすく，より便利にする技術をARと言います。
> 　自動車工場の電脳メガネと，お医者さんの電脳メガネは「なおすこと」にARを役立てていると言えますね。ノートに「なおすこと」と書きなさい。

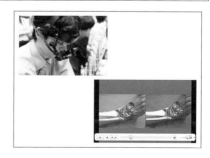

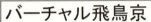

ストリートミュージアム
（ロンドン）

　最新技術をテーマにした授業は，プレゼン型になってしまうことが多い。そこで，外国の事例と日本の事例を「キーワードでくくる」という作業を入れた。実際の授業では，子どものノートに画面と同じようなレイアウトでまとめさせる。写真の部分は，文字情報に変換する。模擬授業ではキーワードだけ書かせた。

　ARの技術は，1960年代から研究されてきました。1980年代に，日本の有名なアニメで取り上げられて注目を集めました。何というアニメでしょうか。

　正解は「ドラゴンボール」である。アニメのワンシーンをうつし，どこにARが使われているか探させる。同じように，1980年代には外国の映画でも取り上げられたことを説明する。アニメや映画だけの話だと思っていた技術が，現在では実用化されているのである。

　今日は詳しく扱いませんが，日本の奈良県に都市全体を復元した「バーチャル飛鳥京」というものがあります。イギリスのロンドンには昔の写真を目の前の風景に重ねた「ストリートミュージアム」というものがあります。どちらもARの技術を使っています。

　このような事例はたくさんある。実際の教室では，調べ学習のテーマになる。

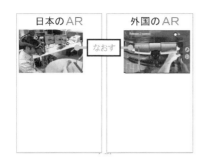

> 「飛鳥京」と「ロンドン」の事例では，ARの技術をどんなことに役立てていると言えますか。

　相談させるといろんな意見が出る。「表現すること」「つくること」「再現すること」「見せること」など。どれも認める。ノートにキーワードを書く。
　事例を見せ，キーワードでくくるという活動をテンポよくすすめる。

　さて，ARの技術をいくつか取り上げたが，もっと身近なところで使われている事例がほしい。
　そこで「飛び出す図鑑」を紹介した。
　Webカメラを使って図鑑を見ると，本物そっくりの映像が飛び出すというものだ。
　ひとつは外国の図鑑。「恐竜」が飛び出すもの。

第4章　国語・社会科でプログラミングの具体例　　129

もうひとつは日本の図鑑。「魚」が飛び出すもの。

ふたつの図鑑とも実物を用意した。触ってみて体験することで、子どもたちはより身近な技術としてARを楽しめる。実際の授業では時間をとって子どもたちに操作させた。

大喜びで，どの子も夢中になっていた。模擬授業では日本の魚の図鑑を取り出し，スクリーンに映して見せた。子役の先生方もとても驚いていた。思わず拍手する先生もいて楽しい雰囲気となった。この後「ARの技術をどんなことに役立てていると言えるか」を再度考えさせる。

授業はこれで終わらない。

問題は「子どもたちがこれ（ARの作品）を作れるのか」ということだ。

最先端の技術を紹介するだけでは，単に驚いただけの授業になってしまう。子どもたちが作れてこそ，より楽しくなり，広がり，いろんなことにつながっていく。ここが一番悩んだところであり，最後の山場として持ってきた部分である。

ここまでの授業を，ほぼ「iPad」だけを使って展開した。

授業コンテンツは「PDFテキスト」に変換し表示した。動画もワンタッチで切り替えた。基本的な操作が分かっていれば，YouTubeの動画もすぐに表示できる。調べ学習もその場でできる。極めて簡単でハードルが低い。

「クラウド・コンピューティング」，その中の「デジタル教科書を使った授業」の一例を提案した。

3 クラウド・コンピューティング──子どもにわかる教え方

「クラウド・コンピューティング」について，米グーグルCEO（最高経営責任者）のエリック・シュミット氏は，次のように語っている。

> 　我々はまさにいま新しいモデルに直面しています。ですが，それがどのくらい大きなチャンスをもたらすか理解していません。PCかマックか，携帯電話かは無関係です。「雲／クラウド」のような巨大なインターネットにアクセスすれば，その利益，恵みの雨を受けられる時代になっています。
>
> 　　　　　　　　　　（西田宗千佳著『クラウド・コンピューティング』より）

このことを，子どもたちにもわかる「授業」の形に変換し，教えていく必要がある。

授業の続きである。

> 　ARの技術をいくつか紹介しました。もし，作れるとしたら，自分でも作ってみたいですか。

飛び出す図鑑の実物を見た直後である。
これまでに，「電脳メガネ」や「まちづくり」「図鑑」などの情報を与えている。内部情報があるのだから，作ってみたいかと聞いても反応がある。
「簡単に作れます」と言って，テンポよく進める。

> 　「グーグルスケッチアップ」を使って，立体映像を作る勉強をしましたね。このソフトを使って，簡単にARの作品を作れます。

グーグルスケッチアップは，無料で，子どもたちが楽しく，しかも簡

単に立体映像を作れるソフトだ。
　(※子ども用テキストは，東京教育技術研究所から購入できる。http://www.tiotoss.jp/)
　グーグルスケッチアップを使ったことがない子どもたちに授業する場合，あらかじめ教師が操作練習をしておき，その場でやってみせればいい。
　四角形を書いて，それを持ち上げるだけで立体になる。この操作をやって見せるだけで，子どもたちは驚く。それほど簡単なのだ。
　次の画面を掲示する。

　グーグルスケッチアップで作った「等高線」のモデルです。ボタンをクリックするだけで，これが飛び出すARになります。やってみましょう。

　スケッチアップで作ったモデルが飛び出すことを，いくら口で説明してもイメージできない。その場でやってみせる。パソコンにWebカメラをつないで，用意しておいたパネルをうつす。このパネルに描かれているマークをカメラが認識すると，ARが表示されるように設定されて

いる。これで,「等高線」のモデルが飛び出したときに驚きの声があがるのである。

　スケッチアップで作ったモデルは,どんなものでも AR として飛び出す。子どももこの場面でそのことに気づく。スケッチアップを使えば,自分にも AR を作れるかもしれない,と考えるのである。続いて「アイディア」を考えさせる。

何を作って,飛び出させたいですか。
できるだけ楽しいものを考えなさい。

　さまざまな意見が出るだろう。全て認めて,ほめる。その上で,事前に準備しておいたコンテンツを見せる。可能ならば,子どもたちがよく知っている身近なものがいい。

　3D モデルは,グーグルの「3D ギャラリー」にたくさんアップされている。インターネットに接続すれば,誰でも自由にダウンロードできる。(https://3dwarehouse.sketchup.com)

　私は,「姫路城」と「東大寺の大仏殿」の 3D モデルを見せた。社会科資料集を開くと,建物が飛び出すのである。子どもたちは大喜びだった。

　ボタンをクリックするだけで,簡単に AR の作品ができあがる。

　コンピュータ室で,実際に作品を作らせるとダイナミックな活動になる。観光立国教育,まちづくり教育へとつながっていく。

　授業で使った道具

は，インターネットから入手できる。検索サイトですぐにヒットする。

1　Dinosaurs Alive!（ARの絵本）
2　Webカメラ（200万画素程度のもの）
3　グーグルスケッチアップ（無料ソフト）
4　AR-media Plugin for Google SketchUp
　　（※無料ソフト。スケッチアップにARのボタンが表示されるようになる。AR表示用のマーカーもPDFファイル付属。）

　ARの作品やコンテンツは，探せばいくらでもある。授業で使ったものは，ほんの一部だ。
　今回の授業で，最も核になる部分は何か。
　それは，「子どもが作れる」というところである。
　「グーグルスケッチアップ」という教材を使って，3D立体動画を作成し，作品をボタンひとつでARの作品に変換できる。「子どもが作れる」だから，いろんなことへとつながっていく。

　デジタル教科書の開発がすすんでいる。
　「iPad」等の教育分野への活用を視野に入れた場合，研究の方向はいくつかある。
　第一に，iPad等は「子どもが持つ」ということ。
　教師主体で使う「提示用」ならばスマートボード（電子黒板）の方が圧倒的に良い。そうではなく，子どもが持ち操作するという視点からの研究が重要だ。
　「紙」の方が圧倒的に良いという意見もある。紙の良さを否定するわけではない。が，デジタルならではの良さ，デジタルにしかできないという場面を，切り取って研究する必要がある。
　第二に，子どもが持つならば「デジタル教科書」として，どのようなものが必要なのかということ。
　ポイントとなるのは「クラウド・コンピューティング」という概念で

ある。高速のインターネット回線に接続された環境から，いつでも・どこでも・だれでも情報にアクセスできるネットワークシステムだ。既存のPCのように，情報を端末の中に保存するのではなく，インターネット上（サーバー）にすべて保存する。そうすることで，場所や時間にとらわれない情報の共有，発信が可能になるのである。ひとつの具体例が「デジタル教科書」だ。例えば，文字や写真だけの画面から「動画」へとすぐにアクセスすることが可能になる。あるいは，あっという間に他人のデータと自分のデータを共有・比較することが可能になる。

第三に，iPadならではの特徴ある「コンテンツ」を開発すること。

例えば，星空を見るアプリ「Starwalk」。iPadを持って立つと，iPadをかざしている方向に見えるはずの星が美しく表示される。かざす方向をかえると，その動きに合わせて星空もかわる。iPadに内蔵されている「GPS」や「コンパス」という機能を使って，場所や方向を感知しているのである。これはiPadならではのコンテンツと言える。その他にも「習字系のアプリ」，「yubichiz」といったようなiPadの特徴，特性を活かしたアプリがたくさん存在する。それらを超えるTOSSコンテンツの開発をすすめていく。

4 IoT社会のお店―便利な「AmazonGo」に賛成か反対か

IoT社会の実現に向けて，ICT環境の整備が一気にすすんでいる。無人レジの「AmazonGo」のような事例は，日本でもいもうすぐ当たり前になる。その時，その瞬間，自分はどう行動するのか。「社会的事象の見方・考え方」を鍛える授業が今求められている。

① 授業の導入場面― AmazonGo

アメリカのお店「AmazonGo」の動画を映して見せた。

「AmazonGo（アマゾン・ゴー）」とは何か。

「AmazonGo」は，端的に言えば「レジのないお店」である。

スマホにダウンロードした「AmazonGo専用アプリ」を使って入店する。

あとは買いたいものを手にとって店を出ていくだけ。
お店を出るときに，自動的にクレジットカードでお金が支払われる。
店内には無数のカメラやセンサーが設置されている。
一度手にとった商品を棚に戻すと，センサーが認識してアプリ内のカートも自動的に更新される。
AI（人工知能）とプログラミングで「レジでの精算が必要ないお店」を実現した。
アメリカのシアトルをはじめ，いくつかの店舗が正式にオープンしている。
この「AmazonGo」のCMを子どもたちに見せた。
CMの長さは1分49秒。
これを「資料」としてそのまま子どもたちに見せるとどうなるか。
多くの子は途中で他のことを考えてしまう。
集中が続かないのだ。
授業中に「資料」として見せるには動画が長すぎるのである（もちろん集中させる手立てはいくらでもあるのだがここでは割愛する）。
授業で使える形で，短く切り取って見せなければならない。
こういったタイプの動画を授業で見せる場合，どれくらいの「長さ」なら子どもたちは集中して見ていられるのだろうか。
もちろん動画の内容によって違ってくるとは思う。
が，授業の中で「資料」として見せるのならば，おおよそ見当がつく。

10秒

10秒というのは経験則であって科学的なエビデンスがあるわけではない。
教室で子どもたちに授業する中で，多くの場合「10秒」を過ぎると集中が途切れてしまう子が見て取れるという経験則だ。
この「10秒」という長さをはじめて聞いたのは，玉川大学教職大学院

教授の谷和樹氏の講座だった。

　谷氏の講座で「10秒」という長さを聞くまでは何も考えずに動画を見せていた。

　途中で集中が途切れる子がいるのが気になっていた。

　時間を意識してみると，10秒前後で集中が途切れる子が多かった。

　他の動画でも何度か試してみたが，おおむね「10秒」というのは妥当だった。

② **動画には見せ方がある**

　1分49秒あるCMを，どう切り取って見せるか。

　今回の実践では，CMの「13秒〜23秒」を授業の冒頭で取り上げた。

　(※ AmazonGoのCMは，YouTubeなどのサイトで検索できる)

　一人の女性が棚から商品をとって，次々とカバンに入れていく場面である。

　映像に注目させるために音声もミュートして見せた。

> 発問1　アメリカのお店です。(映像を見せる) 何をしていますか。

「買い物している」
「先生，おまわりさんに捕まるよ！」
「それはあかんやろ！　万引きしてる！」

アメリカのお店

アメリカのお店

子どもたちからは「買い物」と「万引き」の二つの意見が出た。
　もちろん，意図的に「万引きに見える場面」を選んで見せたからだ。人は，自分の内部情報をもとにしか資料を見ることができない。動画も同じである。
　続けて，CMの「1分13秒～1分20秒」だけを見せた。
　音声はミュートしてある。
　冒頭の動画と同じように，女性が次々と商品をカバンに入れていく。
　最後にはレジを通らず，商品を持って店の外に出てしまう。
　子どもたちは夢中で動画を見ている。
　ここで「万引きではない」ことを告げ，「AmazonGo」の仕組みを教える。
　前述した仕組みを，残りの動画を交えて見せていく。
　「万引き」にしか見えなかった動画が，「最先端技術を駆使したお店」の動画に見える。
　驚きの声があがる。
　ここまでが授業の導入場面。

③　身近に感じられるものから入る

　「AmazonGo」を導入の資料として持ってきたのは，これから訪れる「IoT（Internet of Things）社会」を身近に感じられる事例だからだ。
　インターネットを使おうとして使うのではなく，すでに生活の中にあるのが当たり前の時代。
　そんな時代の子どもたちに，情報機器の使い方を教えても意味がない。
　生まれた時から身の回りにスマホがある，いわゆる「デジタルネイティブ世代」。
　メールやYouTubeは当たり前のように使い，はじめて見る電子機器も直感で使いこなす。
　アメリカをはじめ海外では，そのような時代の子どもたちがより一層

ICTを活用できるよう,社会の仕組み自体が大きく変化している。
　「AmazonGo」のような環境が,当たり前の生活環境になりはじめている。
　さて,動画を見せたあと次のように聞いた。

> 発問2　「AmazonGo」のようなお店が増えるのはいいことだ,という意見に賛成か。反対か。

　電子マネーで精算する便利さとは,規模が全く違う。
　「こうなったらいいな」が実現した,近未来のお店である。
　お店の仕組みを説明した後なので「賛成」という意見が多かった。
　しかし,「反対」という意見も当然ある。
　「お店の人がいない」「仕事がなくなる」という意見だ。
　そこで,同じ動画をもう一度見せた。
　(※1分13秒〜1分20秒を切り取った動画)

> 指示　さっきと同じ動画です。お店の人がいたら「いた！」と指さしなさい。

　「え!?　お店の人いたの？」という反応だった。
　必死になって動画を見るようになる。
　同じ動画でも「お店の人を探す」という視点をあたえると,また違って見えてくる。
　お店の人がチラッと映ると,「いた！」と指差して子どもたちは楽しんでいた。
　オレンジ色の服を着た「お店の人」らしい人物が3人。
　調理をしている「お店の人」らしい人物が1人。

アメリカのお店

盛り上がったところで，次のように聞いた。

> 発問3　「AmazonGo」で働いている人は，何人ですか？

見つけた「お店の人」らしい人物を次々と発表させた。
「先生，もう1回（動画）見せて！」と言う子もいた。
動画を一時停止しながら，人数を確定していった。
「AmazonGoで働いている人は，4人ですね」と確認すると，「先生，ここに映っていないお店の人もいると思います」という子がいた。
その意見を受けて，もう一度聞いた。

> 発問3　「AmazonGo」で働いている人は，何人ですか？

4人以上いるのではないかという予想が多くなった。

④　「その瞬間，自分はどう行動するのか」を鍛える

インターネット上で公開されている取材記事などから，ある程度特定できる情報もある。

> ①　レジはないが，いわゆる「無人コンビニ」ではない。
> ②　日本のコンビニよりもスタッフの多さが際立っている。
> ③　お店のレイアウトは「雇用を見せるつくり」になっている。
> ④　裏方となるスタッフをお店の正面で見せている。
> ⑤　最も商品数が多いのはサンドウィッチなどのデリ商品である。
> ⑥　サンドウィッチなどのデリ商品は店内で調理している。
> ⑦　調理場を通りに面したガラス張りのオープンキッチンにしている。
> ⑧　オープンキッチンは道路よりやや低い位置にあり，目に付く。
> ⑨　開店前から調理を始めるため外が暗い時間だと，人目をひく。

お店に付属しているキッチンの写真も公開されている。
写真だけ見ても「12人」のキッチンスタッフがいるという。
子どもたちの身近にあるコンビニよりも，圧倒的に人数が多い。
後藤文俊氏（アメリカン流通コンサルタント）は自身のブログ記事で

次のように書いている。

> 　アマゾンゴーは日本のどのコンビニよりも店内スタッフが多いのには理由がある。
> 　雇用の問題だ。
> 　決済の自動化によって、レジスタッフがいらなくなる。レジなしシステムが普及すれば、レジ係として働く人々の雇用を奪ってしまうことになるのだ。アマゾンは雇用を奪うようなイメージをアマゾンゴーに植え付けたくない。したがって、アナログな部分を見せている。
> 　もう一つの理由は情報の透明化だ。
> 　誰が、どこで、どうやって作っているのかを透明化することで食の安全にもつながる。
> 　そしてもう一つはフレッシュさを印象付ける狙いもある。
> 　どんなに自動化されても自動化してはいけない部分をアマゾンゴーはわざわざ見せているともいえるのだ。

あくまで記事を書いた人の意見であるので、事実とは異なるかもしれない。

その上で、もう一度子どもたちに聞く。

> 発問2　「AmazonGo」のようなお店が増えるのはいいことだ、という意見に賛成か。反対か。

現時点では情報が少なく判断が難しいところだ。

したがって「どのような条件なら賛成」「どのような条件なら反対」という形で、自分の意見をまとめさせて討論へとつなげていく展開になる。

IoT社会の実現に向けて，ICT環境の整備が一気にすすんでいる。
　無人レジの「AmazonGo」のような事例は，日本でももうすぐ当たり前になる。
　その時，その瞬間，自分はどう行動するのか。
　資料やデータをもとにして，どのような価値判断をしていくのか。
　「社会的事象の見方・考え方」を鍛える授業の一例を紹介した。

5 デジタル教材で何ができるか

■1．災害と観光・まちづくりはどう関係するのか

　災害の現場を，そのままの状態で保存し「モニュメント」として残している地域がある。例えば，阪神・淡路大震災のあった兵庫県では淡路島の断層，神戸港の被災地域の一部などをそのままの形で保存している。また近隣に「人と未来防災センター」を建設し，日本中から震災に関する研究者が集まる仕組みを作り出している。もちろん海外からも注目をあびている。

　施設内には，震災当時の様子を再現するように作られた大型ジオラマや，当時の実物資料が数多く保存されている。被災地の一部を，そのままの状態で保存し，まちづくりへとつなげた事例である。このような事例は，海外にも見られる。中国の四川大地震で倒壊した家屋の一部は「震災遺跡」として保存されている。

■2．子どもたちでも取り組めることは何か

　東日本大震災の被害，特に津波による被害を象徴する1枚の写真がある。大きな船が家の二階の屋根にのりかかっている写真だ。メディアでも数多く取り上げられたこの船を「**震災のモニュメント**」として保存しようという論議があった。結局，安全性や費用など問題があり撤去することになった。例えば，この「1枚の写真」をもとに，子どもたちが取り組める活動はなにか。震災の記録を後世に伝えるまちづくり活動，そのような先行事例がある。

神戸港の被災地を保存

釜石市が所有する「はまゆり」

1. イギリス　ロンドンの事例　「ストリート・ミュージアム」

ロンドン博物館が提供を始めた「ストリート・ミュージアム」という企画がある。名前の通り、街そのものを博物館にしてしまうというもので、一種の観光企画と言える。ただし今までの観光企画と違うのはAR（Augmented Reality、拡張現実）という技術を使っているところだ。ロンドンの街中に出かけ、特定の場所でカメラを掲げると、過去にその場所で撮影された写真が、現在の風景と重なって表示される。

どの場所でも過去の風景を見ることができるわけではない。それでも200枚以上の写真が用意されていて、**実際の場所で、過去にあった出来事を、現実の風景に重ね合わせて見ることができる。**

（※ストリート・ミュージアムの画像　http://www.pocket-lint.com/news/33783/app-of-day-street-museum）

2. ドイツ　ドレスデンの事例　「タッチド・エコー」

ドイツのドレスデンでは、川沿いの遊歩道に「タッチド・エコー」という作品が置かれている。遊歩橋に両肘をつき、耳をふさぐような姿勢をとると、第二次世界大戦時の「音」が聞こえてくる。**実際にその場所であった出来事を「音」で再現している。**「タッチド・エコー」の標識は、ドレスデンの町のいたるところに表示されており、それぞれの場所での音が貼り付けられている。また、ベルリンでは、ARの技術を使って「ベルリンの壁」を再現している。

(※タッチド・エコーの画像　http://akihitok.typepad.jp/blog/2008/10/---3586.html)

3．日本　岐阜県の事例　「GIFU・iPhone プロジェクト」

　岐阜県の観光スポットといえば，天下分け目の戦いで有名な「関ヶ原」。年間7万人の観光客が訪れる。

　古戦場は，広い平原のところどころに「のぼり」が立ててあるだけ。たくさんの観光客が関ヶ原を訪れるものの，がっかりして帰る人も少なくなかった。ところが，最近になって若い観光客が急激に増えている。見渡すかぎり広い平原。特に変わった様子はない。なのに，若い観光客でにぎわっている。よく見ると，携帯電話「iPhone（アイフォン）」のカメラで平原をのぞきこんでいる。iPhone の画面には，何やら吹き出しのようなものが，プカプカと宙に浮いている。人の目には見えないものが，iPhone（アイフォン）でのぞくと見えるようになっている。これは何か。「**セカイカメラ**」である。「セカイカメラ」は，iPhone で使える無料のサービスだ。iPhone を使って，仮想の空間に情報を貼り付けられるというものである。貼り付けた情報は，宙に浮いた吹き出しのように見える。これを「エアタグ」という。エアタグに「文字」「写真」「音声」を表示することが可能だ。ユーザー登録さえすれば，誰でも自由に作れる。最近では，iPhone 以外のスマートフォンや携帯電話に対応して，使えるようになった。関ヶ原町では，セカイカメラを使って約60カ所にエアタグを設置した。iPhone（アイフォン）のセカイカ

iPhone でのぞいた画面

セカイカメラで情報を貼り付けた様子

メラでのぞくと，歴史案内のエアタグが表示される仕組みだ。例えば，あるはずのない「のぼり」が突然あらわれたり，戦国武将の「家紋の画像」と「解説」が読めたりする。合戦の様子を「音声」で聞くこともできる。何もない平原が，戦国時代の情報でいっぱいになっている。訪れた観光客も，エアタグを自由に設置できる。感想を書き込んで楽しむのだ。玉川大学教授の谷和樹氏は，聖徳大学楽習フェスタ2010の会場で「セカイカメラを活用した模擬授業」を提案した。子どもたちが地域の観光スポットを訪れ，そこにエアタグを作るというのだ。子どもたちがまちづくりへ参加する大きな仕組みになる。岐阜県の事例は「災害」というジャンルではない。が，過去の出来事を再現し，観光・まちづくりにつなげている事例としては大きな可能性がある。

〈解説〉
　AR（Augmented Reality＝拡張現実）とは，現実環境にコンピュータを用いて情報を付加提示する技術である。代表的なものは「セカイカメラ」，その活用メリットとしては次の点が考えられる。
① 児童が学習した内容を実際の場所にアップロードできる。
② テキスト・画像・音声等の発信内容を工夫できる。
③ それを世界中で共有できる。
④ 観光教育・まちづくり教育等，今後必要になる教育分野で有効である。

子どもたちと一緒にエアタグをつくる場合，次のような手順が考えられる。

① あらかじめ，学校の近くで，撮影スポットを選んでおく。
② 教師が写真や動画を，先にとっておく。
③ その場所の説明やナレーションを子どもと考えて，シナリオをつくる。
④ 社会科や総合の時間などに，子どもたちとフィールドワークに出かける。
⑤ 先生はiPhone（アイフォン）のセカイカメラを起動し，子どもはその場でナレーションを読む。
⑥ これを，撮影ポイントごとに次々と繰り返す。

子どもに作らせると，きっと楽しい活動になるだろう。今までになかった，全く新しいアプローチだ。
　最先端のツールを活用した，この実践の魅力は何か。単にエアタグが浮かんでいるからおもしろいのではなく，そのことを**誰でも簡単に作れる**というところにある。つまり，基本原理は「子どもが作れる」ということだ。子どもがエアタグを作れる，だから活動の幅が広がる。いろんなことにつながっていく。（セカイカメラは2014年1月に全サービス終了）

■3．調べたことを発信する仕組みは，他にどのような方法があるのか
　日本の広島県・長崎県には，原爆投下を体験した人たちが「語り部」という活動をしている。当時のようすを，次の世代の子どもたちへ話し聞かせ，未来永劫残していこうという取り組みだ。近年，語り部の方々の高齢化がすすみ，幅広い活動がむずかしくなってきた。そこで当時の出来事をデジタルで保存し，それをインターネット上に保存した。保存したデータは「**グーグルアース**」の画面上で見ることができる。出来事があった場所で，語り部の映像や音声を聞くことができる。**「Nagasaki Archive」「Hiroshima Archive」とよばれるこの取り組みは「クラウド・コンピューティング」という技術を活用**することで可能になった。地域の歴史を百年，千年と残していく新しい仕組みとして，今，注目されている。

〈解説〉
　Kmzファイルを共有することで，いつでも，どこでも，誰でも情報を取り出し，発信できる。
① 目の前に見える景色と，昔の景色を画像で比較するオーバーレイ・アーカイブ
② 被災スポットの，過去の出来事を「音声」で再現したバルーン・アーカイブ
③ 誰でも編集可能な「年表づくり」としてのプレイスマーク・アーカイブ
④ 過去の出来事を「YouTube動画」で発信するレイヤー・アーカイブ

■4．実践するにはどのような資料が必要か（テキスト編）

　第一に，自分たちの町の歴史を調べるテキストが必要である。

　1810の市町村（2008年当時）すべての「観光立国教育テキスト」というものがある。全国622の自治体から応援のメッセージもいただいている。これらのテキストを活用し，文化遺産を中心とした地域の魅力，宝を再発見し，魅力を発信していける。東日本大震災とリンクさせ『復興』を写真と記録で綴り，将来の見通しが持てるテキストを作成した。震災復興には，次の3つが必要である。

　① Help ② Support ③ Energy。阪神・淡路大震災から復興した兵庫から『Energy』をテーマにしたテキストを提案した。震災当時の写真，思い。1日後の写真，思い。3日後。1週間後。1月後。1年後。3年後。5年後。10年後。15年後。そして現在。阪神淡路大震災からの復興を写真と記録で綴りながら，東日本大震災で被災した子どもたちへのエネルギーとなり，明るい未来への希望を持てるテキストを作成した。兵庫県神戸市には「人と未来防災センター」がある。阪神・淡路大

震災をきっかけに作られた本センターには,震災から復興までの記録資料が保存されている。市民から集められた定点観測写真も数多くあり,研究や教育のために公開されている。①震災復興テキストへの写真掲載,②テキストを使った調べ学習などへの写真活用の2点について,許可をいただけた。テキストを作成しているのは,阪神・淡路大震災を経験した兵庫県の教師である。このようなテキスト作成は前例がない。同じタイプのテキストを,全国各地で作成することも可能だ。各地の歴史を調べると,災害から復興した記録が必ずある。それらをビジュアルに編集することで,地域の歴史を『復興』という視点から学べる。

■5.実践するにはどのような資料が必要か(資料編)

第二に,復興と観光・まちづくりをリンクさせるための「写真資料」が欠かせない。被災した当時の写真や,復興にいたるまでの「定点観測写真」が必要だ。「定点観測写真」にいたっては,すぐに準備することはできない。被災した当時から,計画的に保存していく必要がある。例えば,以下のような写真だ。

1995年

1996年

1997年

2005年

現在ならば，クラウド・コンピューティングのシステムを活用してネット上に保存したほうが便利である。

　Google が公開している写真共有サイト「Picasa（ピカサ）」。すでに東日本大震災の定点観測写真（衛星写真）が公開されている。これらの写真は「Google Map（グーグルマップ）」とも連動させられる。

■6．実践するにはどのような資料が必要か（ツール，ハード編）

　第三に，調べた内容を発信するツールが必要だ。地域へ出かけ，フィールドワークを行い，その場で情報を発信する。そのためには，スマートフォンや携帯型タッチパネル機器が必要だ。どちらも，小学生でも十分に使いこなせる。各地で研究会を立ち上げ，先行実践を行い，可能性を検証している。

　①シンガポールは2012年。②韓国は2013年。③日本は2020年。「デジタル教科書を子ども１人に１台あたえる目標年」である。**デジタル教科書の基本概念は「子どもが持つ」ということだ。**

　教師主体で使う，いわば「提示用」ならば電子黒板の方が便利だ。そうではなく，子どもが持ち操作するという視点からの研究が重要だ。「デジタル教科書」というのは，単に手元で教科書を見るだけだと思っている人がいるようだが，それだけならば「紙」の方が圧倒的に良い。単にデジタル教科書を表示して，指でめくってみるというだけでは意味をなさない。デジタルの良さ，デジタルにしかできないという場面を切り取って研究する必要がある。子どもが持つデジタル教科書には，「カメラ機能」をぜひ取り付けたいということを，私は以前から主張してきた。学習活動の幅がぐんと広がるからだ。2011年，『iPad 2』が発売された。表と裏に，それぞれカメラが取り付けられた。（発売当時の画質は，あまりよくないが）写真や動画を自由に撮影し，あつかうことが可能になった。指先の操作だけで，編集や発信も，簡単にカスタマイズできるようになった。小学生でも使いこなせるための「使い方テキスト（暫定版）」も完成している。調べたことを発信するツールとして大いに役立つ。

■7．教室での実践例（2008年度　小学校4年生）

　TOSSランド（http://www.tos-land.net/）から，次のナンバーで検索できる。No.7807946「地域の宝を『子ども観光動画』で発信しよう　～地元の観光スポットを動画にして発信しよう～」

> 　自分の住んでいる地域のよさ，魅力を1～2分の動画にして発信します。作った動画はYouTube（ユーチューブ）にアップして配信します。社会科や総合的な学習の時間に楽しく取り組めます。

　社会科における言語活動，その具体的な活動のひとつに次のような活動がある。

> 　実際の授業では，問題解決的な学習などを一層充実させることや，観察・調査や資料活用を通して必要な情報を入手し的確に記録する学習，それらを比較・関連付け・総合しながら再構成する学習，考えたことを自分の言葉でまとめ伝え合うことによりお互いの考えを深めていく学習など言語活動の充実を図ることを求めている。
> 　　　　　　（小学校学習指導要領解説　社会編　8ページより引用）
> http://www.mext.go.jp/a_menu/shotou/new-cs/youryou/syokaisetsu/003.zip

　調べて・まとめて・伝える学習技能が身につく，授業実践例を紹介する。小学校4年生35人を対象に授業したものである。授業テーマは，「地元の観光スポットを動画にして発信しよう」だ。

> 手順1：あらかじめ，学校の近くで，いちばん「高いところ」を選んでおく。

　社会科の授業では，しばしば「高いところ」に子どもを連れて行くことがある。例えば，勤務校のすぐ裏に「苫編山（とまみやま）」という山がある。標高は，わずか166m。それでも姫路市街は一望できる高さである。つまり，兵庫県姫路市付近では「いちばん高いところ」だ。ここへ子どもたちを連れて行って観察・調査させる。

いきなり連れて行ってもいいのだが，少し下準備をした。

空き時間を利用して，教師が下見をしに行った。学校の裏山『苫編山（とまみやま）』に連れて行くので，苫編山スポットを9箇所めぐる学習プロットをたてることにした。

1) 苫編山の近くにあるわたしたちの学校
2) 苫編山の入り口
3) 苫編山にある3つの神社
4) 苫編山の『いこいの家』
5) 苫編山の山道
6) 苫編山の中腹から見える景色
7) 苫編山の頂上へ
8) 苫編山の頂上にある謎の建物
9) 苫編山の頂上から見える景色

手順2：教師が写真や動画を，先にとっておく。

授業作りのために，デジカメをもって，苫編山（とまみやま）へ行った。途中で写真撮影をしておく。

学校の全景，学校から見た山，山の入り口…。ナレーション付で動画もとっておくと良い。

実際に行ったという証拠になる。

手順3：その場所の説明やナレーションを，子どもと考えて，シナリオをつくる。

「苫編山，行ったことがある人？」「先生，苫編山に行ってきました。」そう言って，とってきた写真や動画を見せた。「これね，先生が撮って

きたんです。こうやって，デジカメで。パシャッと。」「学校の入り口から山にむかってパシャッ。ぐるっと後ろをむいて，パシャッ。」

　写真や動画を見せた後，実際に苫編山へフィールドワークに出かけて観光動画をつくることを説明した。

　フィールドワーク前に，次のような学習活動を教室で行った。

活動1：3〜4人のグループにわける。
活動2：教師が作成したプロットをノートに写させる。
活動3：グループで担当するプロットを決める。
活動4：作業内容を黒板に書いて説明する。
　　　　A　ナレーションの文を書く
　　　　B　ナレーションの文を読む
　　　　C　オープニング画面を作る
　　　　D　動画紹介のリード文を書く
活動5：グループでA〜Dの担当者を決める。
活動6：それぞれのグループで作業をはじめる。

　具体的な内容を決めることで，子どもたちは動き出す。
　活動を活性化させるために指導を入れる。

---

① 作業途中で，出来たところまでを評価，コメントする。
② ナレーションが完成したところは，発表練習をする。
③ リード文が完成したところは，パソコンでデータ化する。

ナレーションの原稿を書いたノート

班で集まってシナリオ作りをしている

動画のオープニング画面を書いたノート

さらに，もう一歩つめる。クラス全員の前で発表させる。

① ナレーション担当者を，ずらっと前に並ばせる。
② 次々と発表させては，短く評定する。

これは，聞いているだけで面白い。ちょっとした，観光ツアーになっている。発表後は，それぞれの工夫しているところを褒める。

「なんだか歌いたくなってきました。」といって，歌を歌い出すナレーション。「では，ここで一句。」といって，俳句を詠みだすナレーション。「みんなで，叫びます。」といって，やっほーっと声をあげるナレーション。どれもおもしろい！と絶賛した。褒めることで，クラス全体へ波及する。

ここまでシナリオ作りは完了である。以下に，フィールドワーク収録前日の子どもたちの日記を引用する。

① （女子　Rちゃん）　いよいよ，明日は苫編山に行く日です。すごく楽しみです。でも，とてもつかれると思います。だけど，みんなで作ったVTRがどんなになるかワクワクします。私たちのチームは，苫編山にある「いこいの家」をえらびました。いこいの家は，おじいさんやおばあさんが，歌を歌うところです。でも一つ聞きたいことがあります。それは，老人たちは，どうやってここまでくるのかな？　ということで

す。私も，おばあちゃんになったら，ここにきて見たいです。（あったら）明日は，いい一日になりそうです。

② （女子　Lちゃん）　いよいよ明日，苔編山に登ります。今日は，まずどのチームがどの部分をさつえいするかきめました。わたしたちのチームは，ナレーション作りはYくん，ナレーション読みはKくん，オープニング画面はCくん，ビデオのかいせつ文はわたしです。わたしたちは，苔編山の神社3つを紹介します。先生に，3つぐらいのムービーを見せてもらいました。しゃしんも見せてもらえました。

　そして，わたしがたんとうした，かいせつ文を書きました。ナレーションを発表しました。いちばんおもしろかったナレーションは，Rくんチームのナレーションでした。明日は，いよいよ苔編山にのぼります。（わくわく）

③ （女子　Pちゃん）山にいくから，4人でムービーを作るためにじゅんびをした。はじめに，どこをとるかきめた。わたしたちは，学校をとることにした。ABCDで，なにがいいかを4人できめた。

　　A　ナレーションを作る。　B　ナレーションを読む。　C　オープニング画面を作る。　D　ムービーをかいせつ。わたしは『A』で，Cくんが『B』，Tくんが『C』，Kちゃんが『D』だ。でも，Kちゃんは，ざんねんだけど休んでいた。明日，元気になって学校にきてほしい。それで，みんなで苔編山に登りたい。わたしは，はやく明日になってほしい。山に登るのがたのしみだ。たのしみだから，ねれるか，わからない。

手順4：社会科や総合的な学習の時間などに，子どもたちとフィールドワークに出かける。

　社会科の時間に，子どもたちとフィールドワークに出かけた。山に登るので，2時間確保した。

　ナレーションの練習は終わっている。後は，現地での動画撮影を行うだけである。

> 手順5：先生はデジカメや，ビデオの動画を撮影し，子どもはその場でナレーションを読む。
> これを，撮影ポイントごとに次々と繰り返す。

　フィールドワークは，「デジカメ」で撮影した。そのままSDカードをパソコンに差し込んで，インターネット上に動画アップできるからだ。動画の撮影は，教師がした方がいい。下調べをしているし，子どものナレーション内容もわかっているからである。撮影のとき，まず最初に「タイトル画面」をうつす。特別なものではなくノートに写真をはって，タイトルを書いたものだ。ノートを画面いっぱいになるように動画でとるだけである。山を登りながら，次々と撮影していく。頂上に上った時点で完成となる。この観光動画作りは，子どもたちが夢中になる。楽しく学びながら，調べて・まとめて・伝える学習技能が身についていく。（※2018年現在なら，iPhoneなどのスマートフォンが便利だ。撮影した動画をその場でYouTubeにアップできる。設定や操作も簡単だ。）

　フィールドワーク終了後，子どもたちに感想を書かせた。帰りの時間に書かせ，提出した子から帰るようにした。どの子もノート1ページ以上の感想を書いていた。いくつか紹介する。

> ①　Kくんの声は思ったより大きかった。ぼくも，いっしょうけんめいナレーションを書いてよかった。
> 　Cくんも，オープニング画面をがんばって書いてくれたからよかった。やっぱり，みんながががんばってできたからよかった。頂上まではとってもきつかったけど，てっぺんについた時はとっても気持ちよかった。ほかのチームもあつい中とてもがんばっていた。下り坂はあぶなかったけど，すずしかった。Rくんのナレーションがおもしろかった。先生たちもおもしろがっていた。本当にたのしくておもしろかった。けど，そのかわりとてもしんどかった。こんどは姫路城で本ばんをしたい。
> ②　今，学校を出た。学校のうらに行った。とちゅうで車屋があった。そ

こで，ぼくはさつえいした。
　よむ時に，きんちょうして声が出なかった。そしたら，読んでいるちゅうに先生がこそっと，
　「ゆっくり，よみなさい。」と言った。ぼくのばんが終わったら，次にＬくんのチームだった。
　Ｃちゃんは，かいだんをのぼっている時にバテていた。次は，Ｋくんチームの番だ。
　Ｋくんの声は，ぼくがよんだ時より，声がでかかった。

③　山は，しんどかった。「ハァ，ハァ，ハァ…。」みんな，ハァハァ言っている。あそこはしんどかった。　1）入り口のかいだん　なんと47だんもあったから。　2）ちょう上　ちょう上の，小さな石を見るのにはば１ｍもない，ながい道をとおった。おりる時は，何回もすべりおちそうだった。
　ひろーいかいだんみたいな，はらっぱみたいなばしょで，おりるとき，ごろごろころがりおちそうだった。私は高いところがにがてで，泣きそうだった。苫編山をのぼって見て，わかったことがある。テレビに出るアナウンサーが，どんなにくろうしているかやっとわかった。だって，山とか海とか海外とか，あらしの中とか，がんばってレポートをしているから，私たちよりもつかれていると思った。でも，アナウンサーをする人は，すんごくすごいと思う。

④　「やったー」と言う声がきこえてきました。私は，山に登るのが初めてです。あんまりきもちよくて，たおれそうでした。登った時，足がいたかったし，みんながハァハァ言っていました。その時，先生は足がながいので早かったです。私たちのクラスは，ついていく人と，ついていけない人がいました。私は多分，ついていった方だと思います。それでも頂上まで登ると，きもちよかったです。

⑤　最初は，苫編山じたい知らなかった。階だん長っ！と思った。神社があった。3けんあった。
　2けん目は不気味だった。山にも登った。途中まで道があったけど，中ふくで道がなくなった。
　がけも多かった。たおれた木もあった。足がぼうになるぐらい歩いた。かなりバテた。

⑥　かいだんが47だんもあった。かいだんは，しんどかった。神社でＫくんがおまいりをした。

> 　のぼっているときリタイヤしそうだった。だけど，あがったらあがるだけ，ふうけいがきれくなっていった。Yくんのうたはおもしろかった。こういううたです。「この一木なんの木　とまみの木ー…」Yくんは，なぜあんなにおもしろいんだろう？　しんどくなった。おぶってくれと言っても，だれもおぶってくれなかった。休めるところまでで，1時間ぐらいたっていた。やっと上についたと思いきや，すぐ下におりた。

　子どもたちが作った動画は YouTube で見ることができる。
　子どもたちは，音声のみの出演に限定している。

> hojyongman のチャンネル
> http://www.youtube.com/user/hojyongman?feature=mhee

　「子ども観光動画」の取り組みは全国で実践され，2011年6月で，500本以上アップされている。
　アップされた動画は毎年更新され，優秀な作品を発表し交流する全国大会も毎年開催されている。

> 第5回　全国連合子ども観光大使大会 in 兵庫
> 　　　　2019年7月27日（土）13：00〜16：30
> 神戸芸術センター　大ホール（新神戸駅徒歩5分）
> 保護者・子ども　https://pro.form-mailer.jp/fms/33d32831148441
> 教員・一般　　　https://pro.form-mailer.jp/fms/0069e5fa148442

■8．子ども観光動画を，グーグルアース上にプロットする

　高学年ならば，さらに発展させ「子ども観光動画」をグーグルアース上にプロットしていくこともできる。

　1　県の観光をあつかった実践の場合

　県全体の観光動画は，例えば『県章』をたててプロットする。

　場所検索で，○○県を検索した場所にプロットする。

　2　市の観光をあつかった実践の場合

　市全体の観光動画は，例えば『アイコン』をたててプロットする。

　場所検索で，○○市を検索した場所にプロットする。

　3　町村，観光スポットをあつかった実践の場合

　町村の観光動画も，例えば『アイコン』をたててプロットする。

　場所検索で，特定の住所を検索した場所にプロットする。

　4　同じ観光スポットで複数の動画をあつかった実践の場合

　同じ観光スポットの場合は，同じ位置にプロットする。

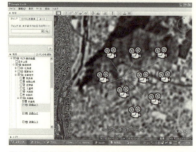

【写真資料提供】人と未来防災センター　神戸観光壁紙写真集　http://kobe-mari.maxs.jp/

クリックすると，複数のマークが飛び出し動画を選べるようにする。

5　グーグルアース上にプロットされた動画の再生方法

アイコンをクリックすると，バルーン内に動画が再生される。
Kmz ファイル共有するだけで，どのパソコンでも再生できる。
（※ただし，インターネットに接続された環境が必要。）

6　非連続型テキストの読解力──向上への指導ポイントはここ

①「非連続型テキスト」の読解力をのばす教材とは

〈確定─分類から入る〉

「非連続型テキスト」の読み取りについていくつかの実践例を書いてきた。（p114～119を参照）

ここでいったん教材研究の段階に戻ってみる。

以前，谷和樹氏のサークルで「PISA 型読解力」について研究したことがある。

次のような基礎作業をした。

> 第一に，全体を確定する

「フレームワーク（枠組）をとらえる」「ビッグピクチャーシンキング」とも言う。

非連続型テキストは何個あるのか，何種類あるのか確定することから始めた。

PISA の過去問，社会科の教科書に出てくる資料などを全部調べた。

例えば，社会科の教科書に掲載されている非連続型テキストを全てピックアップして書き出してみた。

教科書をめくりながら，非連続型テキストをひとつひとつ見つけていった。

時間のかかる作業だ。

こういった基礎作業を一度はやってみる必要がある。

東京書籍の教科書（平成22年度版の社会科）の場合は次のようであった。

全体を調べた上で数を確定した。

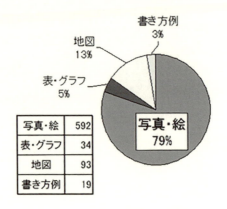

第二に，分類する

それぞれの特性に応じて分類した。

モレなくダブりなくが基本である。

いきなり「分類する」と言われても難しい。分類するためのコード（定義）が必要だ。

例えば，グラフ。

「棒グラフ」「折れ線グラフ」「円グラフ」など様々ある。つまりグラフという大きなカテゴリーの中にいくつもの下位構造をもつことになる。

全て分類した後に数を確定する。

非連続型テキストは次の「8種類」。

① 写真
② イラスト
③ 地図
④ 図解
⑤ アイコン
⑥ チャート
⑦ グラフ
⑧ 表

全体を確定し分類した後は、それぞれの指導法について考える。

写真やイラスト、グラフの指導法、実践例についてはそれぞれに指導のポイントがある。

〈教材を設計していく〉

このような基礎研究を行った上で、実際の授業で使えるテキストのような「教材」を設計していく。

例えば、次のような教材がある。

表・グラフ・図解読み取りスキル
（高学年用）
東京教育技術研究所
http://www.tiotoss.jp/

TOSS国語PISA型スキルシリーズのひとつで「非連続型テキストの読み取り」に特化した教材だ。

目次の一部を引用する。

「表」の読み取りスキル
　①表の表題、出典、年度を読み取る
　②表の情報を分類し、整理する
　③表から分布を読み取る
　④表から順序や時間を読み取る
　⑤表から情報を読み取って意見を書く

「グラフ」の読み取りスキル
　⑥グラフの表題、出典、年度を読み取る

⑦グラフの縦軸,横軸を読み取る
⑧グラフからたくさんの情報を取り出す
⑨グラフの変化を読み取る
⑩グラフの変化の傾向を読み取る
⑪グラフの変化の傾向を予測する
⑫二つのグラフを比べて意見を書く
⑬二つのグラフを比べて吟味する(資料の批判)
⑭グラフの変化の原因を資料から読み取る
⑮グラフの変化を見て,自分の考えを書く
⑯二つのグラフを比べて,情報を分析する

　冗長な解説がなく,問題を解いていくだけで,基本スキルを習得できるように設計されている。初任の先生も安定した授業ができるおすすめの教材だ。

② 定石発問を追試してイラスト資料を読み取る
　現行の国語の教科書には「イラスト資料(絵)」が掲載されている。資料を読解して課題を解決するタイプの単元だ。
　表やグラフの読解と同じように「イラスト資料(絵)」の読解にも発問・指示の「定石」がある。
　現在担任しているクラス(小学3年生)の学級通信を一部引用する。

学級通信「あんさんぶる」17号

ある日の『社会科』の授業①
　社会科って,楽しいのです。昔は「暗記社会」といって,とにかく暗記してテストした記憶が多いのではないでしょうか。基礎基本の定着という意味では「暗記」も大事です。例えば都道府県とか歴史人物,代表的な年号などです。それと同時に,大切なことがあります。

　絵や写真,統計資料(グラフ,表など)から情報を読み取る力です。
　学習指導要領や,その解説にも詳しく書かれています。教科書や資料集

を使って，子どもたちに確かな学力を育てたいと考えています。新年度2時間目の社会科，次のような授業をしました。
　社会科の教科書にある一枚の絵です。子どもたちにこの絵を見せて次のように言いました。
※ 東京書籍「新しい社会」（3・4上）
2～3ページ。単元「わたしたちのまち　みんなのまち」導入の絵。

> 　この絵を見て，わかったこと，気づいたこと，ほんのちょっとでも思ったことを，ノートにできるだけたくさん「箇条書き」しなさい。

　非連続型テキストの中で「写真」や「絵（イラスト）」を読解するときには，前述の発問・指示をまず追試する。
　子どもたちは熱中して，たくさんの情報を読み取って行く。

学級通信「あんさんぶる」18号

ある日の『社会科』の授業②
　どんなことでもいいと言ったので，書きやすかったようです。数人をすぐに指名しました。
子ども：「家が多いです。」
担　任：「そういう事でいいんだね。」
子ども：「人がたくさんいます。」
担　任：「すごい，よく見たね。」…

　数人の意見を聞くことで，どんなことを書けばいいのかイメージできたようです。7分ほど時間をとりました。
　途中，次のように言いました。

> 　ひとつの絵や資料をみて，たくさん書けるほどいいんだよ？　よく「学年×3」とか言います。1年生だと3つ。2年生だと6つ。みんなは3年生だから，いくつ書けるといいのかな？

　やる気が一気にアップしたようで，次々と書き始めました。たくさん書き始めたので，また次のように言いました。

> 5つ書けたら，ノートを先生のところへ持ってきなさい。

　ちょっとハードルが高いかと思いましたが，次々とノートを持ってきました。すごいです。
　たくさん書けていることを褒めて，黒板にひとつずつ書いてもらいました。

　どれくらい情報を読み取れればいいのか途中で目安を示す。そうすることで，さらに熱中して資料を見るようになる。この後，板書した意見を扱っていく。

③　定石発問で読み取りコードが身につく！

　教室の発問によって資料を読み取る「コード」を身につけて行く。
　小学3年生の学級通信を一部引用する。

> ◇学級通信「あんさんぶる」19号
>
> **ある日の『社会科』の授業③**
> ※ 東京書籍「新しい社会」（3・4上）2〜3ページの絵の読み取り。

黒板に，ずらっと意見がならびました。すごいです。少し間をおいて発表してもらいました。

発表される意見に対して，何かしらのコメントをしなくては授業がすすみません。

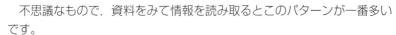

子どもになったつもりでやってみるとわかりますが，ほとんどの意見は「～ある」「～いる」となっています。

不思議なもので，資料をみて情報を読み取るとこのパターンが一番多いです。

3年1組も見事に「～ある」「～いる」のオンパレードになりました。

黒板に書かれた意見をもとに，そのことを話しました。

自分のノートに書いた意見の中で「～ある」「～いる」に印をつけるように指示しました。

すると，「全部に印がついてもうたー！」という子がたくさん出ました。

予想通りでした。

これが，社会科の学習の最初のステップなのです。ここからが教師の腕の見せ所です。私も真剣に教材研究をし，子どもたちに次のような発問をしました。

> 何色の車が多いですか。

これだけで子どもたちは熱中しました。数を数えはじめたのです。赤は何台，白は何台…と。

そのうち「消防車は赤色の車ですか？」「救急車は白色の車ですか？」と質問が出ました。

今まで気にしていなかった車についても，「色」という視点で着目するようになりました。

この後，子どもたちは「車の色」について近くの友だちと一緒になって数え始めました。

最初に絵を見た時は，全く気にならなかったことです。

とても活発な話し合いになりました。

「先生，赤色の車は〇台です！」
「先生，白色の車は〇台です！」

　子どもたちから，いろんな意見が出ました。どれも認めて，説明してもらいました。
　さて，ここからが教師の本領発揮です。さらに熱中させる工夫が必要なのです。

> この絵の「季節」はいつですか。

　これには，子どもたちが熱中しました。「？」という表情の子も多数いました。何人か指名して，意見を発表してもらいました。

- 「祭りをしています。だから，秋だと思います。」
- 「絵の左側に『みこし』をかついでいるのが見えます。だから，秋だと考えます。」

　どちらも立派な意見でした。絵に描いてある情報を読み取り，自分の考えを述べたのです。
　（※兵庫県姫路市では「秋祭り」が主流で各地で盛大に行われています。）

　ところが……。
　この意見に対する反論が出ました。
　私も「秋」がメインの意見になるだろうと予想していました。
　ところが，子どもたちは一枚の絵から情報を読み取り，別の意見を発表しはじめました。
　皆様，いかがでしょうか。私は，３年１組の子どもたちの可能性を感じた瞬間でした。

　この後，ノートに意見を書かせ発表させた。自分が書いたことを読むだけでいいので，次々と発表が続いた。
　例えば次のような意見が出た。

- 「夏だと考えます。学校の木が全部みどり色です。学校には桜の木があるはずです。もし春ならば，木のいくつかはピンク色になっているはずです。」
- 「夏だと考えます。右上の田んぼに水がはってあって苗が植えてあります。春に田植えはしないので，この絵は春ではありません。」

自分の体験や知識をもとに，絵を分析することが出来るようになる。この他の展開は，向山洋一氏の実践「雪小モデル」に詳しい。

[著者紹介]

許　鍾萬（ほ・じょんまん）

兵庫県姫路市立英賀保小学校教諭。TOSS関西中央事務局。NPO TOSS子ども未来コミュニティー 代表。TOSS山風サークル代表。
1978年生まれ。兵庫県姫路市出身。
朝鮮大学校師範教育学部3年制師範科卒業。兵庫朝鮮学園 西脇朝鮮初級学校，西播朝鮮初中級学校にて12年間勤務。兵庫県立香寺高等学校 韓国語非常勤講師として3年間勤務。その間，近大姫路大学教育学部こども未来学科（通信教育課程）を卒業。兵庫県の姫路市立城乾小にて5年間の勤務を経て，現職。ICTを活用した実践や研究をはじめNPO法人の代表として，地域の社会貢献活動にも力を注いでいる。編著に『向山型国語授業の指導スキル&パーツ活用事典「物語文・詩文の効果的な指導スキル&パーツ活用事典」』『若いあなたがカスタマイズ出来る！「向山型スキル・社会科の授業パーツ100選」』『"体験者が語る" 新型インフルエンザへの学校の対応—そのときあわてないマニュアルブック』（ともに明治図書）など。

授業で出来る
"プログラミング学習"大好き入門

2018年12月20日　初版発行

著　者	許　鍾萬	
発行者	小島直人	
発行所	株式会社 学芸みらい社	

〒162-0833 東京都新宿区箪笥町31 箪笥町SKビル
電話番号 03-5227-1266
http://www.gakugeimirai.jp/
e-mail : info@gakugeimirai.jp

印刷所・製本所　藤原印刷株式会社
企画　　　　　樋口雅子
校正　　　　　菅 洋子
本文イラスト　げんゆうてん他
装丁デザイン　小沼孝至

落丁・乱丁本は弊社宛にお送りください。送料弊社負担でお取り替えいたします。
©Ho Jonman 2018 Printed in Japan
ISBN978-4-908637-95-7 C3037